总体国家安全观系列丛书

大国兴衰与国家安全

National Security in the Rise and Fall of Great Powers

中国现代国际关系研究院 著

时事出版社
北京

主　编

张运成

撰稿人

黄　莺　陈文鑫　赵宏图

张运成　徐　刚　倪建军

汤　祺　李　艳　石　刚

总体国家安全观
系列丛书

《大国兴衰与国家安全》
分册

总　序

一

摆在读者面前的这套丛书，名为“总体国家安全观系列丛书”，共六册。分别是《地理与国家安全》《历史与国家安全》《文化与国家安全》《生物安全与国家安全》《大国兴衰与国家安全》《百年变局与国家安全》。

我们试图以一种通俗而不失学术、鲜活而不失严肃的方式，让读者走进国家安全这个既神秘高端又同我们每个人息息相关的领域，在拓展知识开阔眼界的同时，提升我们的国家安全意识，增强统筹发展和安全的本领，为中国从大国走向强国奠定思想基础。这是我们学习领会习近平总书记创造性提出的总体国家安全观的一种尝试，也是现代院作为国家高端智库的一份责任。

国家安全离我们很远，诸如所谓“三海”（台海、南海、东海）问题，“三边”（边疆、边界、周边）问题，中美关系问题，政治安全、国土安全、军事安全、经济安全、金融安全、文化安全、社会安全、科技安全、网络安全、生态安全、资源安全、核安全、海外利益安全、深海安全、极地安全、太空安全、生物安全、人工智能安全等等问题，看似是“居庙堂之高”的党政领导干部关心关注的话题；国家安全又离我们很近，你说身边哪件事情跟国家安全完全没有关系？美国对华贸易战、香港“修例风波”、新冠肺炎疫情肆虐……不仅攸关我们的日常生活，甚至改变我们的人生轨迹。国事家事天下事，从来没有像今天这样紧密缠绕，深刻影响着我们每一个人。

我们生活在一个伟大的时代，比历史上任何时期都更接近民族的伟大复兴；我们生活在一个剧变的时代，世界正经历百年未有之大变局；我们生活在一个跨越的时代，中国从大国走向强国，从高速度发展走向高质量发展，从全面建成小康社会走向全面建设社会主义现代化国家……凡此意味着，我们面临的国家安全形势更加复杂，我们维护国家安全的任务更加艰巨。

改革开放 40 多年，我们坚持以经济建设为中心，坚持发展是第一要务，强调发展是硬道理，实现了初步崛起，取得了举世瞩目、史所罕见的历史性成就，中国人民为之自豪！世界人民为之钦羡！党的十八大以来，中国的发展进入新时代；今天，中华民族伟大复兴从“第一个百年”征程转向“第二个百年”目标。

毫无疑问，作为世界上最大的发展中国家，发展依然是中国的中心任务。但中美博弈加剧、香港“修例风波”、新冠肺炎疫情肆虐、金融风险升高、网络安全隐忧，几乎同时从不同领域不同方面向我们发出了警告：缺乏安全的发展有可能使我们遭遇“半渡而击”的不测，有可能使我们积累的财富一夜归零，也有可能使我们无穷接近的民族复兴无法抵达胜利的彼岸。

因此，在坚持发展的同时，国家安全问题非常紧迫地摆在中国人面前。如果说过去 40 多年我们较好处理了“改革、发展、稳定”的关系，那么未来 30 年我们则必须处理好“开放、发展、安全”的关系。站起来阶段，我们更强调安全；富起来阶段，我们更重视发展；强起来阶段，我们则必须兼顾发展和安全。如何统筹发展和安全两件大事？如何在更高水平开放条件下动态维护国家安全？什么是中国特色的国家安全道路？成为时代留给当下中国人的一道必答题。

二

对于这道必答题，以习近平同志为核心的党中央给出了答案。随着时间推移，答案愈清晰、科学、精准。

2013 年 11 月，党的十八届三中全会决定成立国家安全委员会。习近平总书记指出：

> 国家安全和社会稳定是改革发展的前提。只有国家安全和社会稳定，改革发展才能不断推进……设立国家

安全委员会，加强对国家安全工作的集中统一领导，已是当务之急。

2014 年 4 月 15 日，在中央国家安全委员会第一次会议上，习近平总书记创造性地提出总体国家安全观，指出：

当前我国国家安全内涵和外延比历史上任何时候都要丰富，时空领域比历史上任何时候都要宽广，内外因素比历史上任何时候都要复杂，必须坚持总体国家安全观，以人民安全为宗旨，以政治安全为根本，以经济安全为基础，以军事、文化、社会安全为保障，以促进国际安全为依托，走出一条中国特色国家安全道路。

4 月 15 日自此成为中国的全民国家安全教育日。

2014 年 11 月 28 日，习近平总书记在中央外事工作会议上指出：要“统筹国内国际两个大局，统筹发展安全两件大事”。

2015 年 12 月 16 日，习近平总书记在第二届互联网大会开幕式主旨演讲中指出：

> 安全和发展是一体之两翼、驱动之双轮。安全是发展的保障，发展是安全的目的。

2016 年 1 月 18 日，在省部级主要领导干部学习贯彻党的十八届五中全会精神专题研讨班上，习近平总书记指出：

> 推动创新发展、协调发展、绿色发展、开放发展、共享发展，前提都是国家安全、社会稳定。没有安全和稳定，一切都无从谈起。

2017 年 10 月 18 日，在党的十九大报告中，坚持总体国家安全观被纳入新时代坚持和发展中国特色社会主义思想的基本方略，并被写入党章。

2020 年 7 月 30 日，在中央政治局会议上，习近平总书记首次提出“更为安全的发展”，指出要“实现更高质量、更有效率、更加公平、更可持续、更为安全的发展”。

2020 年 10 月 29 日，党的十九届五中全会在《中共中央关于制定国民经济和社会发展第十四个五年规划和二〇三五年远景目标的建议》中，设专章论述“统筹发展和安全，建设更高水平的平安中国”，对坚持总体国家安全观尤其是统筹发展和安全浓墨重彩，将安全提升到和发展并重的位置，并将其作为“十四五”时期中国经济社会发展的指导思想，这在中国发展史上具有里程碑意义。

2020 年 12 月 11 日，中共中央政治局专门就切实做好国家安全工作这一主题进行第二十六次集体学习，习近平总书记就贯彻总体国家安全观提出 10 点要求，也即“十个坚持”，标志着总体国家安全观的思想体系和理论体系已然成型，堪称习近平新时代中国特色社会主义思想的“国家安全篇”。

总体国家安全观从最初提出到不断完善，统筹发展和安全从被重视到成为中国经济社会发展的指导思想，安全发展理念被要求贯穿到中国发展各领域和全过程，“十个坚持”系统集成，自成体系……凡此意味着，中国特色的国家安全思想和中国特色的国家安全道路逐步形成，而总体国家安全观就是集中体现。这也就意味着，总体国家安全观不只是国家安全职能部门的工作指引，而应成为从事各项工作的党政干部的世界观和方法论，成为从大国走向强国的中国人民的必修课。

三

我们这套丛书，正是循着上述思路，试图站在中华民族伟大复兴战略全局和世界百年未有之大变局这“两个大局”，以及新发展格局和大安全格局这“两个格局”的高度，立足“两个一百年”历史交汇期的特殊时间节点，从历史的长河、地理的视域、文化的纵深、大国兴衰的规律和百年变局的沉思等不同角度和维度，全景式、大视野认识国家安全。新冠肺炎疫情的突发和泛滥，促使我们对国家安全又多了一份从生物安全角度的思考，凡此汇编成六册，作为“总体国家安全观系列丛书”的第一辑，奉献给读者。

时间紧，任务重，责任大。丛书编者们大多是从事国际战略、区域国别和国家安全问题研究的学者，不乏知名专家，但从学习领会总体国家安全观入手，从历史、地理、文化诸角度看国家安全，却是一种全新的尝试和初步的探索。加之从一开始我们就商定，这套丛书必须通俗易懂、喜闻乐见，既要有国家安全主题的严肃性、政论性，又要兼顾可读性、知识性，总之让读者愿意看，且看后有收获，对编者们确实提出了挑战。

不论怎样，大家暂时放下手边的工作，全身心投入这项全新的事业，虽不时有“书到用时方恨少”之叹和“独上高楼，望尽天涯路”的茫然，但其中的责任感、使命感是真实且真诚的。

至于六册书的具体内容，各分册主编在书的前言都做了概述或导读，不乏精彩呈现。比如，谈历史与国家安全，从秦朝二世而亡，到“无事袖手谈心性，临危一死报君王”的明朝灭亡启示录，涉及中国历史的多个片段，从国家安全视角看历史，给人不一样的启发。谈地理与国家安全，突出“一方水土养一方人”，从俄罗斯的广袤到新加坡的狭小，从北极变迁到气候变化，从地理环境决定论到人定胜天，从地缘战略到首都安全，天南地北，无所不包。谈文化与国家安全，既有印度的种姓制度，也有日本的圈子文化，有阿拉伯人的困惑，有犹太人的韧性，由此解析国家安全的文化密码。至于大国兴衰与国家安全，百年变局与国家安全，可谓跌宕起伏，云谲波诡……在此不一一介绍了。借用一句广告词：更多精彩内容，敬请读者鉴赏。

编写本套丛书是一次初步的尝试，加之知识储备的限度，其中错舛自然难免，我们会不断修正、完善、改进，为我们接续编写丛书的第二辑积累经验。

是为序。

中国现代国际关系研究院院长　袁鹏

前　言

本书是总体国家安全观系列丛书的分篇，是从近五百年来全球大国兴起与衰落的过程视角探讨国家安全问题。写作源于在研究习近平总书记总体国家安全观重要论述时的一个朴素想法：大国兴衰背后，是国家安全的深刻变化。一国衰落时国家安全遭遇的挑战更多，但一国崛起时并不意味着国家安全无虞。在大国起落过程中，崛起国做对了什么，有效保障了国家安全？衰落国又做错了什么，导致国家安全失控甚至陷入危机？

以史为镜，可以知兴替。对历史上大国兴衰成败经验教训进行总结，对走向国家崛起与民族复兴的中国，更好研究和落实总体国家安全观，可以提供某种镜鉴。

人类历史舞台上，最是兴亡道不尽，大国的兴衰交替以及所触发的全球或区域脉动永远是最引人瞩目的大戏。尤其是大航海时代开启以来，原本割裂的世界首次被风帆战船和殖民者的野心链接起来，真正具有全球影响力的大国开始“各领风骚”，其间不乏丛林法则、资本的疯狂，出现一幕幕风云变幻、波澜壮阔的史诗事件，为后世学者所侧目。本书也正是从四本书和一部剧谈起，沿着历史的脉络，纵论五百年来兴衰沉浮的大国群像，探讨战争与大国兴衰的关系，归纳大国崛起的一般规律，细究美国、苏联和日本等国家的成败轨迹，以求超越兴衰看大国，重新审视国家安全之关键所在。

史海钩沉，历史云烟散尽后，把目光投向那些被岁月尘封的记录，一些感触也油然而生。不同于中古世纪，近代以来大国的崛起，武力和财力强盛的背后，与对科技发展的重视，政治经济制度的与时俱进和拥有意志坚定的政治强人密切相关。战争充斥其间，在一国兴衰历程中发挥着重要而特殊的作用。但大国兴衰绝不止于战争的成败和由此导致的霸权流转。在长期的国际竞争中，一国之衰不意味着另一国必然之兴；一国之兴也不必然代表另一国完全失势。仅一国而言，兴衰可能发生在转瞬之间，崛起国可能一骑绝尘但可能突然锋芒不再而处于

“塬状态”，衰落国命运亦可能反转。回看苏联解体的过程和美日博弈的往事，均有所体现。崛起国唯有如履薄冰、如临深渊，时刻洞察并化解重大国家安全风险才可以摆脱险滩暗礁。在百年未有之大变局的历史关口，认识到这些显得尤为重要。

往者不可谏，来者犹可追。在过去五百年中，中国主要作为看客，旁观了大国兴衰的风水轮转。幸运的是，如今中国成功驶入大国崛起与民族复兴的“快车道”，逐渐回归在历史中和世界上应有的地位。需要警惕的是，如同书中谈到的每一次惊心动魄、血火交织的大国崛起之路，中国也正面临着类似的十分复杂时局的考验，如何正确管控国家安全风险，确保伟大复兴的征程不被实质性打断，走出一条既非战争崛起，也不是零和博弈的和平崛起道路，取决于我们的智慧和抉择。

本书各位作者在承担的章节中，为大国兴衰提供了一些散击性的探讨，付出了巨大努力。作为一本“小册子”，本书当然难以穷尽大国兴衰变迁的一切，唯望历史的大致回响为读者了解过去提供些许参考，服务于践行总体国家安全观，为国家安全建设略添助益。

中国现代国际关系研究院
《大国兴衰与国家安全》课题组

目　录

9

1

第一章

说不尽的大国兴衰

数万年以降，人类从神话走出蛮荒，跨过原始，掠过封建，最终迎来现代文明的曙光。部落、王朝、帝国，乃至超级大国，如同日升日落、潮退潮涨，一段段宏图霸业最后都成为历史的沧桑。许是出于恐惧、焦虑、忧患甚至是永盛不衰的梦想，远至帝王将相，近到精英学者，无不将揭开大国兴衰的规律、探寻轮回交替的密码，作为思考的永恒课题。

尤其是过去500年，欧洲以眼花缭乱的速度上演着大国的激情碰撞和胜负消亡。在此过程中，随着欧洲大国将逐鹿范围扩大到全球，大国尤其是霸权国的气质、主张和命运开始决定国际体系的整体面貌。

如今，人类走到百年未有之大变局的十字路口，大国兴衰再度成为全球热议的话题。这一次，世界的关注点转向隔洋相望的两个大国。实力超群的美国能否继续辉煌？文明古国中国能否和平崛起？实力越来越接近但气质主张迥异的两个大国是携手还是对抗？是落入你衰我兴的历史覆辙，抑或能走出一条新型合作之路？一切都将拭目以待。

四本书和一部剧

自上世纪 80 年代开始，苏联衰相渐显，美苏争霸结局似定，人类历史上最激烈的大国碰撞胜负似分。对于历史的反思和大国衰落的分析开始成为世界的焦点，《大国的兴衰》应运而生，并引领了其后几十年的“兴衰研究”热潮。其后的几本重量级论著——《大国政治的悲剧》《注定一战》《安全过渡》——审视并分析了近现代历史上大国兴衰的现象与规律。同时，逐渐强大的中国开始走向世界舞台的中央，中华民族伟大复兴作为一个时代性任务也被提上日程。鉴于国际形势的风云变化和对大国争霸的警惕，惯于“以史为鉴”的中国也开始审视未来的发展方向，并重新定位自己在世界的“新坐标”，虽无追求争霸之心，但谨防陷入争霸之局，因此便有了警醒无数国人的《大国崛起》纪录片的诞生。

1987 年，美国耶鲁大学年轻历史学家保罗·肯尼迪出版了代表作《大国的兴衰》，立刻引起极大轰动。这部打通军事史、经济史和国际关系史的著作指出，在过去五个世纪中大国沉浮的历史表明，优势总是属于那些物质创造能力更强的国家，而技术上的突破与组织形式上的变革是物质创造的基础；但大国总是经受不住过度扩张的诱惑，一旦扩张超出国内经济体系能够支撑的限度，将不可避免地走向衰落。肯尼迪据此预测，当时的美国正在重蹈覆辙：“过度扩张”终将使美国衰落，而且速度可能比苏联还要快。但国际局势的走向证明肯尼迪是个“糟糕的预言家”。两年后，柏林墙倒塌了，苏联很快也解体了，美国不但没有衰落，反而成为国际体系中唯一的超级霸权，国力和声望都达到空前高度。西方不少知名学者将肯尼迪的理论贬低为机械的“经济决定论”，但这并不妨碍《大国的兴衰》成为国际关系领域的传世经典，是每一位国际关系专业学生入门的必读著作。

同样是研究大国的命运，美国芝加哥大学教授约翰·米尔斯海默的《大国政治的悲剧》一书在2001年面世时，并未激起太

> 柏林墙倒塌

多反响。当时，美国独霸全球、充满自信，尽管遭遇“9·11”恐怖袭击事件，但经济全球化大潮方兴未艾，自由主义在全球大行其道，“相互依赖论”“民主和平论”“国际制度和平论”备受追捧。自认为有责任打破“天下太平迷梦”的米尔斯海默，提出了与时代主流格格不入的所谓“进攻性现实主义”。

米尔斯海默认为，国际体系是一个险恶而残忍的角斗场，要想生存，国家别无选择，只得为权力而相互竞争。他进而预测，如果中国经济继续增长，就会像美国支配西半球一样支配亚洲；而中国的大部分邻国，包括印度、日本、新加坡、韩国、俄罗斯和越南，会联合美国遏制中国权力，“结果将是激烈的安全竞争，战争颇有可能”。

国际关系领域的学者，特别是中国学者，有充足的理由反感这种冷冰冰的政治均衡理论。基于悲观的“体系结构决定论”，它预言中国几乎不可能和平崛起。果真如此吗？随着经济实力的迅速壮大，中国开始认真审视自己在全球政治经济体系中的角色。

2006年末，一部历经数年制作的12集电视纪录片《大国崛起》轰动了中国，首播平均收视量高达400万人次。之后一个月，在观众强烈要求下，《大国崛起》在中央电视台连播三轮，创造了中国纪录片的收视奇迹。《大国崛起》展示了葡萄牙、西班牙、荷兰、英国、法国、德国、俄国、日本、美国九个世界级大国相继崛起的过程，试图总结大国崛起的规律。《大国崛起》

探讨的宏大主题和引发的广泛热议都显示，中国对自身产生了一种新认知，并希望“鉴往事，知来者”，实现稳健而和平的崛起。

此后，中国上升势头似乎比预想的还要迅猛。2008 年国际金融危机重创美国，美国战略家甚至一度提出“中美共治”的概念。2010 年，中国经济总量按市场汇率计算超过日本，成为仅次于美国的全球第二大经济体；2014 年，按购买力平价计算，中国超过美国成为全球最大经济体。随着中美经济实力差距的迅速缩小，美国战略界倍感焦虑。中国能否和平崛起？中国崛起对美国意味着什么？在这场异常激烈的大讨论中，两位美国学者的著述引起了中美战略界的普遍关注。

一本是哈佛大学肯尼迪政府学院首任院长、著名政治学家格雷厄姆·艾利森 2017 年 5 月出版的《注定一战——中美能否避免修昔底德陷阱？》。该书系统回顾了过去 500 年中 16 个崛起国挑战主导国的案例，其中 12 个最终走向战争，4 个成功避开了“修昔底德陷阱”（古希腊历史学家修昔底德认为，雅典崛起引发斯巴达的恐惧最终导致伯罗奔尼撒战争的爆发。理论含义是，当大国的霸主地位受到新兴强国的威胁时，两个国家之间就有很高的可能性爆发战争）。他的结论是：按当前轨道行进，中美未来几十年爆发战争不仅可能，而且可能性大于当前认知。艾利森同时指出，历史也给出了“和平的 12 条线索”，中美之间并非必有一战。艾利森给美国政府提出了四条忠告：明确关键利益；理解中国的行为；制定战略；将国内挑战置于中心地位。他认为，“如果美中两国领导人认识到国内所面临问题的严重性，给予其应有的优先地位，那么设计出中美‘分享 21 世纪亚洲’的方案就并非最严峻的挑战”。

与艾利森的审慎乐观不同，柯瑞·斯卡可 2017 年 11 月出版的《安全过渡——英国霸权向美国霸权的转移》一书对中美关系的未来显得更加忧心忡忡。斯卡可曾师从康多莉扎·赖斯，并先后在美国国防部、白宫国家安全委员会、美国国务院出任要职。

本质而言，《安全过渡》是一本英美关系史专著，但它以古论今，对现实政治具有强烈的启示和指引。斯卡可提出的问题是，为什么民族国家出现以来，只有英美之间实现了霸权的和平过渡？为回答这一问题，她从 1823 年美国提出“门罗主义”到二战结束的一百多年中，选取了九个最能反映英美相互认知和关系变化的拐点性时刻。她的结论是，英美之所以能实现霸权的和平交替，是因为两国逐渐趋同，且与其他欧洲国家明显相异：英国步美国后尘转变为民主国家，而美国在成功征服西部后，逐渐形成了帝国主义的思维方式。直至二战结束，英美对两国复合实力的关注一直超过对彼此相对实力消长的警惕。尽管如此，她亦认为，英美霸权的“和平过渡是个非常偶然的结果，不太可能被复制”。英国希望崛起的美国能遵守由其建立的国际规则，但美国成为霸权国后，毫不犹豫地瓦解了英国的帝国体系和国际规则，并在全球大肆复制美国国内制度。

对于现在的霸权国美国和迅速崛起的中国，这一案例提供了什么启示？斯卡可的预测相当悲观：与英美霸权交替时意识形态逐渐接近完全不同，如今的美国和中国在意识形态上针锋相对，而且崛起后的中国很可能效法历史上的美国，致力于以本国主导的意识形态为蓝本重塑国际秩序，中美将因此陷入高风险的僵持局面。

从某种程度上讲，在苏联崩溃、冷战结束后，美国从未放弃过寻找下一个对手。随着中国实力的壮大，美国逐渐将防范的目标锁定中国。然而，不论是米尔斯海默的“体系结构决定论”、艾利森的“修昔底德陷阱论”，还是斯卡可的“英美和平过渡特殊论”，西方学界对中美竞争的前景都难言乐观。那么，中美角力将沿着什么方向推进呢？历史给了我们什么启示，中美又能否超越历史呢？

何以大国

在审视“大国的兴衰”这一亘古命题和回答“中美角力”这一现实问题之前，首先需厘清两个基本概念——何谓“大国”、何谓“兴衰”。

随着人类从分散走向整体，国家间的交往由割裂发展为全球联系，大国的概念、含义、表现都几经变迁，并烙上深深的时代印记，衡量大国的维度也逐渐从单一走向综合。

在农耕社会时期，经济活动主要方式是农业生产，能转化为社会财富的剩余价值较少，因此领土面积、人口规模及基于此的经济和军事实力，往往是财富和权力的象征。此时，分散在世界不同角落的文明中，“大国”的面貌几乎都大同小异：地广、人多、国富、兵强。

15世纪拉开了欧洲列国轮番崛起的序幕。国际贸易空前发展丰富了财富积累的手段，衡量“大国”的标准也更为多元。葡萄牙、西班牙、荷兰等欧洲弹丸小国凭借先进的航海技术、得天独厚的地理位置、勇猛无畏的探险精神，先后突破领土和人口的限制，通过建立庞大的海上贸易帝国，获得强大竞争优势，一举跃居大国行列。

第一次工业革命发生后，工业生产代替农业生产和传统贸易，成为国家财富积累的主要方式，工业实力因而成为大国地位的基石。工业革命首先从英国开始，其建立的全球殖民帝国不再是单纯的贸易体系，而是一个经济整合度更高的巨大全球分工体系。作为核心，英国一度拥有无与伦比的生产实力。随着工业革命从英国向欧洲乃至全球扩散，许多新兴工业国，如德国、美国、日本等，在建立了庞大的工业生产能力后，大力发展军备，陆续进入大国行列。

当时代从农耕社会向工业社会过渡时，一国庞大的人口和领土如果不能与工业和科技相结合，反可能成为巨大负担。传统农耕大国不仅难在大国竞争中胜出，甚至还可能沦为先进工业国竞相鱼肉的目标。如，俄罗斯在克里米亚战争（1853—1856 年）和日俄战争（1904—1905 年）中接连落败；清王朝被迫多次签署丧权辱国的条约；奥斯曼土耳其帝国在第一次世界大战中惨被肢解。

> 1901年9月7日，清政府与英、俄、美等11国在北京签订《辛丑条约》

二战之后，冷战爆发，世界出现美国、苏联两个超级大国，它们各自领导着资本主义阵营和社会主义阵营，进行了近半个世纪的对峙。这时大国比拼的权重向综合实力演进。

冷战结束后，美国成为唯一的超级大国。在相对和平的环境下，衡量大国的标准，进一步摆脱单一维度，向以综合实力和发展潜力为基础的方向演化。随着国际政治多极化趋势加强，欧盟、日本、中国、俄罗斯均被视为一极。同时，包括印度、巴西、墨西哥、印尼、土耳其在内的新兴经济体也在群体性崛起。2008年，新兴经济体中的佼佼者被吸收进全球经济首要治理平台——“二十国集团”，成为未来世界的“大国候选人”。

世界历史，风起云涌，大国争霸，从未停歇。掩卷沉思，何谓大国？除去过去500年中西方大国血腥争霸、残酷拓殖、贪婪剥削、严酷压迫等沉疴恶疾不论，这些大国之所以能称霸一时，不仅因为国富兵强、纵横一方，也在于其在制度、思想、精神等多个维度曾为人类社会注入新鲜元素，推动历史车轮滚滚前行。

民富国强谓之大。民富国强构成“大国”的基础实力，它至少包括领土面积、人口、经济总量、科技实力、组织效率五个衡量维度，它们既是一国崛起的基础，也是一国争霸乃至战争动员的底气所在。第一次工业革命爆发到二战之前，煤炭消耗量、钢铁产量、工业产量成为衡量国家经济实力的主要标准。1848年，英国的铁产量占世界产量的1/2，煤占世界的2/3，棉布占世界1/2，铁路长达1万英里，贸易额占全球的20%—25%。但之后，英国遭遇德国和美国的双重挑战，开始走下坡路。19世纪70年代初德国实现统一后，走上工业立国的道路。1860年到1913年，德国占全球制造业的份额从4.8%猛升到14.8%，超过了最主要竞争者英国。美国在19世纪最后30年崛起为经济巨人，国民生产总值在19世纪70年代早期超过英国，1916年超过整个大英帝国的总和。从1890年到1914年，美国的快速发展使其能源消耗、铁和钢的产量都达到英国的3倍。二战后初期，美国工业产量占整个资本主义世界的一半以上，黄金储备更是达到3/4。20世纪50—60年代，全世界一半以上的科学发明出自美国。

船坚炮利谓之大。历史上的大国在鼎盛时期，无一例外都建立了令人生畏的军事力量，构成大国强健的“肌肉”，既可对内彰显自信，更可对外“镇压”不平。16世纪，西班牙为保护其规模庞大的海上通途，建立了所向披靡的“无敌舰队”，从而在欧洲成为令人望而生畏的存在。17世纪，崛起的荷兰人靠着能战能商的庞大舰队成就了“海上马车夫”的美誉。1588年，奋力一搏的英国人摧毁了西班牙“无敌舰队”，标志着英国海上力量的崛起。二战之后，依靠强大的军队和原子弹的巨大威慑，美国确立了自己的霸主之位。

制度先进谓之大。先进的制度是对生产力的解放、效率的提升，其可迅速提升国家财富的积累能力，达到政通人和、激发潜力甚至是全民动员等效果，从而成为大国崛起的“东风”。如，葡萄牙是世界上第一个动用国家力量为航海事业提供制度性规划和保障的国家，从而成为大航海时代的先行者和海外殖民的开拓者。荷兰不仅是欧洲第一个资本主义国家，还开创性地建立了影响至今的金融市场，为其航海贸易提供了强大的资金支撑，昔日的“低地”成为欧洲的“荣耀之城”。英国在“光荣革命”后建立起欧洲第一个“君主立宪制”国家，通过约束王权、保护新生资产阶级利益，极大推动了工业革命的诞生和资本主义生产方式的繁荣，为“日不落帝国”的铸就打下了基础。美国是全球第一个采取“共和制”的资本主义国家，其对三权分立的真正实践和国际体系的构建，成就了强大的美国。同样，在落后农奴制的沙俄帝国废墟上建立起来的苏联，是全球第一个将社会主义由空想变成现实的国家，通过一系列经济、政治和社会改革，迸发出巨大的活力并成长为全球两个超级大国之一。

思想引领谓之大。大国往往还为世界提供了先进的思想理念，这些理念为国家本身塑造了某种光环并成为符号式的象征，长久地抬升国家影响力，甚至是塑造民族自信心和民族性格，使之往自己希望的方向发展。如，法国启蒙运动的蓬勃发展及“自由”“平等”“博爱”的观念，使其成为西方社会政治思潮的重要发源地。列宁评价道：“整个 19 世纪，即给予全人类以文明和文化的世纪，都是在法国革命的标志下度过的。”英国提出的“自由贸易”观念和建立的全球自由贸易体系，则促成了第一波经济全球化浪潮，“英国治下的和平”也为建立有序的国际体系迈出了探索的一步。一战结束后，被欧洲列强长期视为“异类”的美国提出了旨在建立永久和平的“威尔逊宣言”。二战后，基于自身强大的军事经济实力，美国领导建立了前所未有的国际合作体系，美式国家观和世界观成为许多国家效仿的对象，美国也因此巩固了其在西方世界的领导地位。同样，苏联率先进行的“共产主义”实验，也极大影响了欧洲、亚洲和全球的政治实践，深刻塑造了全球体系的发展。

共享融合谓之大。大国之“大”，还在于能在一定程度上容纳其他国家的发展和崛起，通过提供国际公共产品，维护国际秩序的和平和稳定。英国率先完成了工业革命，带领人类进入蒸汽时代；英镑是当时的国际通行货币，英国垄断着货币发行权、贸易结算权和金融交易权，伦敦成为国际金融中心；英语是国际通用语言。如果说，大英帝国一直是在自发而非自觉地提供全球公共产品，二战后的美国则是更具有国际合作意识的超级大国。为了打破西方内部征战不休的怪圈，美国基于其超强的经济军事力量，以提供安全承诺为交换，让西方各国放弃传统的地缘政治野心，接受美国拥有近乎垄断的军事力量。同时，美国支持开放的经济秩序，允许其他国家参与竞争并取得成功。这个特殊体制运行了60余年，成功保卫了西方世界的和平。当然，这个被美国称为“自由民主秩序”的体制也有其明显的缺陷，它对内虽确保了相对和平，但对外却频频用兵，反而成为全球很多问题的制造者。

总之，大国之所以谓之“大”，不仅是因为其拥有巨大的财富和令人畏惧的军事力量，更因为它们拥有能带来巨大成功的制度及先进观念。它们的成功经验是其他国家反复研究的对象；它们的经济、政治、社会治理制度被其他国家竞相效仿；它们是全球经济的中心，前沿科技的领袖；它们是国际秩序的引领者，公共产品的提供者。

两种兴衰观

大国地位并非永恒。几百年来，大国无一例外地面对同样的问题：如何保持自身的领先地位？如何避免被其他国家赶超，甚至被时代淘汰？

历史上，“兴衰”一词的含义不断变化。在很长一段岁月中，大国兴衰往往意味着帝国或王朝的勃兴和消失。例如，盛极一时的古罗马帝国于公元 4 世纪末一分为二，其中，西罗马帝国于公元 476 年灭亡，东罗马帝国于 1453 年崩塌；13 世纪，所向披靡的蒙古骑兵横扫欧亚大陆，一度建立了全球疆域最为辽阔的帝国，但很快便土崩瓦解、灰飞烟灭；军力强盛且幅员辽阔的哈布斯堡王朝、奥斯曼土耳其帝国和沙俄帝国也在一战中分崩离析。同样，在东方大陆，一个王朝覆灭后便永远消失在历史的烟尘之中，继起的新王朝又开启了新的轮回。

但是，欧洲近代自“民族国家”概念出现后，国家的兴衰就逐渐成为一个相对概念。尽管国家在大国较量中有胜有负，在国运比拼中有起有落，但因国家的主体民族和疆域大致确定，国家的衰落不再表现为永久性覆灭，更多是国家实力排序的变化，甚至在经过一段时间的蛰伏、反思和改革后，一些国家重新走上了复兴之路。

大国兴衰是困扰西方和东方的永恒命题之一。但是，基于完全不同的历史经验，东西方对此问题的思考路径迥然相异。

内省自强的东方大国。公元前 221 年，秦灭六国后，中华大地进入了以“大一统”为主要特征的历史时期，周而复始地上演着中央王朝的兴衰更替。在大部分历史时期，中央王朝怀远以德，形成了东方特有的朝贡体系。在这个相对封闭的体系中，中央王朝主要面临两类威胁，一种是来自帝国腹地的农民起义，另一种是来自周边强大异族的侵略。但即便是异族成功覆灭中央王朝，往往很快也会被同化，最终成为大一统王朝的一部分。因此，对于中国而言，对“大国兴衰”这一命题的思考和回答多是内省式的，即中央王朝的覆灭主要是内因所致，历代史家和君臣将相也往往将内因视为王朝兴衰的关键，“君如舟，民如水，水能载舟亦能覆舟”的思考即是典型代表。

中国历代王朝的衰落原因都相差无几，如：统治者贪功慕奢、施行暴政；地方割据势力崛起，削弱皇权力量；宦官外戚专权，门阀党争恶斗；又或者是统治制度的衰败，如文官制度衰落，军事制度、财政制度出现重大缺陷，导致官民矛盾突出，农民起义此起彼伏。清朝末期，对外委屈求全、割地赔款并没有导致清王朝的即刻灭亡，最关键的因素还是来自民众对于统治者的反抗。总之，在“国家兴衰”这个命题上，中国提出的主要问题是“我在哪些地方做得不好？”“哪些地方还能改进？”“如何能做得更好？”等内在式反思。

争斗不休的西方大国。欧洲大国有着与中国截然不同的历史经验。过去500年，欧洲大陆密集上演着群雄逐鹿、鏖战争霸等惊心动魄的故事，诸国持续处于激烈的竞争和比拼中：守成国时刻面临崛起国对欧洲政治现状的破坏，一旦崛起国挑战成功，守成国不得不将既得利益拱手相让。欧洲大陆甚至还形成了特殊的“均势文化”，其要旨是防止任何国家或联盟独大，威胁到其他国家的利益甚至生存。简言之，1500年以来，欧洲大国的轮番崛起，实际上使欧洲国家陷入了一个长时段的安全困境中，为寻求“绝对安全”，大国之间频繁结盟、毁盟、休战、征战。藉此，守成国单独或联合起来压制崛起国、最大程度维持欧陆政治格局的现状成为欧洲近代战略文化的鲜明特征。因此，西方对“大国兴衰”这个问题的发问，常常是指向外部的，即“谁是下一个崛起国？”“为了保护我的既得利益，我该如何压制它的挑战？”“为了达到这个目的，我应当同谁结盟？”等外向型审视。

西方窠臼

西方学者对大国兴衰的解读和预测，鲜有不走向悲观主义的。无论是《大国政治的悲剧》《必有一战》，还是《安全过渡》，都对中国崛起及其对中美关系乃至国际体系的影响持消极看法。那么，西方的悲观从何而来，又将把世界带往何方？

历史的记忆：战争是常态，和平是异常。1500 年至二战结束的近 450 年间，欧洲大陆群雄竞起，为争夺欧洲乃至全球影响力，相互征讨不止、干戈不断。“国强必霸”“强权政治”“势力范围”等作为历史常态已深深地印刻在西方国际关系理论之中。以这样的历史记忆和历史观为指导，在面对新的大国崛起时，西方只能得出悲观的结论。也正因此，西方国际关系理论现实主义流派的逻辑起点是“无政府状态”，逻辑前提是“安全稀缺”。在西方中心主义者的眼中，西方国际关系史就是世界史，从西方国家相互间关系总结出来的西方国际关系理论就是国际关系理论，因此非西方国家崛起后当然也将以西方的历史逻辑行事。

身份的对立：我们是文明人，你们是野蛮人。纵然，在当今国际体系中，国与国之间的交往更多是以利益优先，但在西方社会观察世界时，一种根深蒂固的对身份的考量和审视仍贯穿其中。18 世纪，法国思想家伏尔泰相对于“野蛮状态”提出了文明这一概念，这一划分深深影响了西方的世界观。西方政治传统中，“正义”从区分敌友开始，政治范畴被定义为敌人和朋友之间的意识形态的博弈。相同信仰、相同制度、相同文明的被视为友，反之为敌，而且不仅是敌，还是未开化的野蛮人。在欧洲，这种极端的划分古而有之。如，“十字军”东征时，就将世界划分为基督教“文明世界”和异教徒“野蛮世界”。

美国在相当程度上继承了这种带有宗教色彩的政治传统，并将战争包装成“文明人对野蛮人的征服和教化”。20 世纪初期，美国总统西奥多·罗斯福将冲突分为两类，一类是“文明大国”之间的冲突，数量在减少；另一类“与野蛮人或半野蛮人的战争（指南美诸国）属于完全不同的类别，非常遗憾，但为了全人类的福祉必须行使国际警察的职责”。冷战时期，美国将美苏之间的对抗描述为民主力量对专制独裁、资本主义对共产主义、基督教对无神论之间的一场拯救文明世界的斗争。同样，美国对阿富汗发动的战争也存在“征讨异教徒”的宗教隐射。总之，这种简单的善恶两分法使西方更容易卸下道德包袱，从对抗、冲突甚至战争的视角来处理潜在的竞争和挑战。

思维的分界线：我们是自由主义，你们是现实主义。二战结束后，西方国际关系理论发展出现实主义、自由主义和建构主义三大流派，但自由主义和建构主义始终无法由表及里，主导西方国际关系实践的内核一直是现实主义。不论是人性现实主义、防御性现实主义，还是进攻性现实主义，都对国内和国际体系采取

两分法：国内体系是政府主导的，而国际体系则处于“霍布斯状态”。在西方现实主义国际关系理论看来，国际体系中缺乏像国内那样的中央政府权威，因此尽管国际关系也存在一定法则，现实主义各流派对国际法、国际道德、国际规范也是承认和尊重的，但从根本上并不相信它们能维护安全、保护利益——因此只有权力才是根本。

二战后，美西方为国际体系画了一道线，一边是所谓“自由主义秩序”，一边是“丛林”。对待“丛林”需实行“现实主义政策”。西方说服自己：现实主义政策之所以必要，是因为“他们自己虽然超越了现实主义逻辑，但其他人却将世界带回到现实主义”。正是因为对世界存在这样的划分，21 世纪初，当西方面对非西方世界的崛起时，陷入极大的心理恐慌。其心理暗示是，“非西方世界的崛起必将破坏美国领导的自由世界秩序。既然即将崛起的对手不（打算）遵从自由世界秩序，那么，我们也应当以现实主义加以反制”。

除了上述西方的独特历史和基于此历史而形成的特殊思想偏见外，西方在强权政治、讨伐争霸的长期实践中还产生了一些令人印象深刻的观点或主张，也深刻影响着西方看待非西方崛起国的视角。这包括国强必霸的“罗斯福推论”（1904 年美国总统西奥多·罗斯福重申“门罗主义”，要求欧洲诸国服从美国对西半球事务的管辖权，因为“美国对其地缘邻国的和平与稳定负有责任”。此后30余年，美国共对拉美实施了33次干预）、“莫须有”的“克罗备忘录”（一战前，英国外交办公室首席德国问题专家艾尔·克罗向英国国王爱德华七世提交报告，称“德国的意图并不重要，需要关注的是其能力”）、恐惧引发的“修昔底德陷阱”，以及自我实现的“文明冲突论”。

特别是“文明冲突论”，它之所以受到非西方世界的广泛批评，是因为它有意夸大文明之间的差异和冲突。亨廷顿等学者声称，以文明和文明冲突为基础的世界秩序正在出现，意识形态和文化上的根本性差异将使“西方”文明与伊斯兰和亚洲等“非西方”文明无法共处。西方世界的生存有赖于美国人对“美国信念”的坚持，及他们对西方文明的重新认同和责任担当。“文明冲突论”表现出来的西方文明中心论和对不同文明难以和平共处的悲观预测，难免对西方国家的对外政策产生消极影响。

政策是观念的延伸，观念是历史经验的折射。面对包括中国在内的非西方国家的群体性崛起，西方国家通过回顾自己过去500年的历史经验，产生了恐慌甚至极度悲观的看法。但是，它们忘了，新近崛起的国家拥有与西方完全不同的历史经验和思维方式，因而也形成与西方完全不同的历史观和世界观。它们可能并不认同国强必霸的政治逻辑，反对未来的世界还应存在“势力范围”，也不赞同以任何借口使用武力对其他国家进行“外科手术式”打击。西方国家或许应当跳出自己的思维窠臼，认真研究并倾听非西方国家的历史和主张。后者的历史经验和政治智慧或许能为未来世界逃脱西方关于大国兴衰的悲观宿命论打开一扇机会之窗。

当下，国际社会最为关注的莫过于以中美角力为代表的大国竞争将把未来的国际关系引向何处。处于所谓“自由民主秩序”之内和之外的大国真的难逃西方历史的宿命、必有一战吗？抑或会出现新型的大国，能像19世纪引领自由贸易的英国和一战后提出“十四点和平计划”的美国那样，以自身强大的实力、引领性的制度规则设计，带领国际社会走向一个新的、囊括全球大部分国家的“和平与发展秩序”？或许后一种想法过于理想，但不要忘了，人类历史一直在突破人类自己的想象。

参 考 文 献

1 Graham Allison: Destined for War, Can America and China Escape Thucydide's Trap? Boston: Houghton Mifflin Harcourt, 2017.

2 Kori Schake, Safe Passage, The Transition from British to American Hegemony, Harvard University Press, 2017.

3 Robert Kagan, The Jungle Grows Back, America and Our Imperiled World, New York: Alfred A. Knopf, 2018.

4 Thomas Oatley, A Political Economy of American Hegemony: Buildups, Booms, and Busts, Cambridge University Press, 2015.

5 ［英］保罗·肯尼迪著，王保存等译:《大国的兴衰：1500—2000 年的经济变革与军事冲突》，中信出版社 2013 年版。

6 ［美］约翰·米尔斯海默著，王义桅等译:《大国政治的悲剧》，上海世纪出版集团 2014 年版。

7 ［美］兹比格纽·布热津斯基著，中国国际问题研究所译:《大棋局：美国的首要地位及其地缘战略》，上海世纪出版集团 2007 年版。

8 ［美］塞缪尔·亨廷顿著，周琪等译:《文明的冲突与世界秩序的重建》，新华出版社 2010 年版。

9 傅莹:《看世界》，中信出版集团 2018 年版。

2

第二章

五百年来
谁主沉浮

第二章

公元1500年，中国明弘治十三年。

此时的明朝，历经太祖、成祖开疆拓土，仁宗、宣宗“仁宣之治”，英宗“土木堡之变”，在由盛转衰、国运日堕的大背景下，迎来短暂的“弘治中兴”。此时的明朝，若论经济总量，仍可睥睨四方、天下无敌。但历史的潮流滚滚向前，一张旧船票，已经登不上时代的客船。

此时的世界，哥伦布在8年前就已经发现美洲大陆，从此新旧大陆被联系在一起，所谓的“世界”开始揭开它神秘的面纱；葡萄牙和西班牙也早在7年前就通过一条“教皇子午线”，将这个他们还不甚明了的世界一分为二；而就在2年前，葡萄牙航海家达·伽马绕过非洲好望角，进入欧洲人从未到过的水域，到达东方的印度。此时的世界，逐渐被“地理大发现”联结在一起，我们今天所熟知的“世界体系”渐渐拉开了序幕。

从此以后，世界成了各国兴衰的舞台，全球化成了各国兴衰的幕布。舞台有中心，也有边缘；演员有主角，也有配角。处在历史聚光灯下的主角，引领着剧情的跌宕演进。那些主角，都是时代的弄潮儿，都曾开创过属于自己的时代；那些主角，都是大国。在世界这个广阔的舞台上，所谓“大国”，不在于疆域的大小、资源的多寡，而在于跨越地理空间支配权的强弱，这也是英文“great power”的精义所在。

500年来，世界舞台“江山代有才人出”，你方唱罢我登场。葡萄牙、西班牙、荷兰、英国、法国、德国、日本、俄罗斯、美国相继崛起，或主宰一方，或影响全球。时至今日，即便有些国家业已沉沦，但仍能借助历史的余光，在世界舞台上占据一席之地。

航海先行者

葡萄牙：第一个全球性帝国

葡萄牙立国于12世纪初，国小人少，只是当时欧洲西南隅的一个穷国。近代葡萄牙的崛起要追溯到1415年。这一年，葡萄牙攻占了北非摩洛哥柏柏尔人的商业中心和军事重镇休达港，取得楔入伊斯兰世界的一个重要桥头堡和探航西非海岸的活动据点。这被后世视为葡萄牙人、也是欧洲人向外扩张的开端。休达一役让葡萄牙国王若昂一世的三王子亨利走上历史舞台。他作为先锋，最早攻入休达这座邻海的重镇，从此他的人生也跟大海紧密相连。这位被誉为“航海者亨利”的王子终其一生未曾远航，但他却是葡萄牙航海事业的领航人和开拓者。在他大力推动下，葡萄牙成为欧洲航海中心，以举国之力率先迈出欧洲，走向未知的世界。

在亨利王子领导下，葡萄牙人1419年发现马德拉群岛，1432年占领亚速尔群岛。前者成了葡萄牙向非洲探险和掠夺的据点，后者则充当了葡萄牙训练水手和舰队的基地。再加上1425年和1427年两次征服加那利群岛，葡萄牙实现了对大西洋

> 葡萄牙大发现纪念碑，位于里斯本西南部、特茹河北岸

东部边缘三大群岛的开发和移民，为日后的海外殖民积累了丰富经验，打下了坚实基础。

1494 年，葡萄牙同西班牙在教皇主持下，签订瓜分世界的《托德西拉斯条约》，决定以佛得角西 370 里格（1 里格 ≈ 5.92 公里）处为界，界线以东归葡萄牙，界线以西归西班牙。翌年，曼努埃尔一世国王（1495—1521 年在位）继位，其统治时期葡萄牙国势日臻鼎盛。

1498 年，葡萄牙探险家达·伽马绕过非洲好望角，到达印度卡利卡特（中国古籍中称为“古里”），开辟了东方航线；1500 年，葡萄牙另一名探险家卡布拉尔发现巴西，葡萄牙人在南美拥有了第一块领地。1502 年，葡萄牙常驻印度洋舰队成立，达·伽马任指挥官，开始以炮舰之利建立东方殖民贸易体系。一是实行贸易许可证制度，从制度上强化对印度洋的控制；二是攻城略地，控制海上贸易商路战略要塞：1505 年攻占锡兰、1506 年夺取亚丁湾入红海口的斯科特拉岛、1507 年攻占波斯湾入海口霍尔木兹岛、1510 年占领果阿、1511 年攻占马六甲、1518 年建立科伦坡军事要塞、1535 年攻占马拉巴海岸重要港口第乌、1536 年占领缅甸勃生、1559 年占据孟加拉湾达曼、1564 年完全占有摩鹿加群岛。在坚船利炮的猛烈攻击下，一个个海上交通战略要点相继成为葡萄牙囊中之物。葡萄牙人利用从大西洋到印度洋的 50 多个战略据点，构筑了一条“珍珠链式”的战略控制线，控制了跨越半个地球的商船航线，垄断了欧洲与东方的贸易，成为 16 世纪上半叶全球第一大海上贸易强国。

但正所谓“其兴也勃焉，其亡也忽焉”。历史学家保罗·肯尼迪在评价葡萄牙的崛起时曾说，“回顾历史，有时似乎很难理解：一个像葡萄牙这样人口和资源都很有限的国家，怎么能航行如此之远并取得如此之多。”这是葡萄牙崛起之惑，却也是其从鼎盛转衰之因。过少的人口对于一个跨越欧、美、非、亚四大洲的帝国而言，日益捉襟见肘。葡萄牙虽然在海上称王称霸，但由于兵力不足，他们的要塞始终面对陆地上的攻击。再加上大量财富的突然到来导致国内享乐之风盛行，葡萄牙人没有将财富投资于再生产，而是将大量的财富投入消费之中。葡萄牙自己不生产贸易品，只是在做转手买卖。它的东方贸易带动了欧洲其他国家如英国、荷兰工业品的生产，但自己的工业生产能力却没有提高。凡此均导致葡萄牙的衰落。1570 年，葡萄牙开始放弃对东方贸易的垄断，因为国家实在拿不出钱来组织舰队维持东方帝国了。1580 年，西班牙国王菲利普二世在葡萄牙王位继承战中打败对手，被拥立为葡萄牙国王。葡萄牙被并入西班牙，60 年后才重获独立。

西班牙：第一个日不落帝国

1492 年可视为近代西班牙崛起的元年。这一年在西班牙发生了两件具有重大历史意义的事件：一是西班牙攻克伊比利亚半岛上最后的伊斯兰王国格拉纳达，宣告长达 8 个世纪的阿拉伯统治结束。据史书记载，为庆祝这一具有重大历史意义的光辉胜利，当时整个欧洲几乎所有的天主教堂钟乐齐鸣。西班牙在天主教世界的声望迅速提升。二是哥伦布在西班牙女王伊莎贝拉的资助下远洋航行，发现美洲大陆，从此西班牙在对新世界的瓜分中也拥有了一席之地。

然而，西班牙的真正崛起要等到西班牙双王伊莎贝拉和斐迪南的外孙卡洛斯上台之后。1516 年，年仅 16 岁的卡洛斯在外祖父斐迪南逝世后继承西班牙王位；1519 年，卡洛斯又在祖父神圣罗马帝国皇帝马克西米利安一世逝世后当选神圣罗马帝国皇帝，称查理五世。查理五世领有四份世袭领地，包括从其祖父马克西米利安那里继承哈布斯堡家族在奥地利的世袭领地，从其外祖父阿拉贡的斐迪南那里继承的阿拉贡王国领地（包括撒丁和那不勒斯等几个地中海小岛），从其外祖母卡斯蒂利亚的伊莎贝拉那里继承的卡斯蒂利亚王国领地以及从其祖母勃艮第的玛丽那里继承的勃艮第和尼德兰。一时间，查理五世治下的帝国在规模上与几乎同时代的苏莱曼大帝的奥斯曼帝国并驾齐驱。

而对“新大陆”的征服与掠夺，又给查理五世统治的帝国带来无与伦比的财富与资源。1519 年开始，西班牙殖民者科尔特斯率远征军征服阿兹特克，也就是今天的墨西哥；1533 年，西班牙另一殖民头子皮萨罗又攻占美洲另一文明古国印加帝国的首都库斯科。从此，西班牙拥有除巴西以外的中美洲和南美洲。1529 年，西班牙借麦哲伦环球航行获得的海洋权益，与葡萄牙签订《萨拉戈萨条约》，以摩鹿加群岛以东 17 度为界，划分了两国的势力范围。在这一波扩张中，西班牙从拉丁美洲掠夺了大量贵金属。据估计，1521—1544 年，西班牙从拉丁美洲运回黄金年均 2900 公斤、白银 3.07 万公斤；1545—1560 年间激增至年均运回黄金 5500 公斤、白银 24.6 万公斤。西班牙和美洲殖民地之间的跨大西洋贸易变得异常重要，正如著名学者沃勒斯坦在《现代世界体系》一书中所言，“欧洲的生计，世界的生计，就当时

已存在的世界而言，都得指靠它。塞维利亚和它的账目……可以告诉我们世界的节奏”。

尽管查理五世时代的西班牙已然星光熠熠，但它终究只是哈布斯堡王朝的一部分，西班牙帝国的真正巅峰出现在查理五世的儿子菲利普二世（1556—1598 年在位）统治时期。1556 年，查理五世将西班牙、尼德兰、意大利以及海外领地传给儿子菲利普二世，而将神圣罗马帝国皇帝的称号以及奥地利的世袭领地授予弟弟斐迪南。西班牙与奥地利从此分处哈布斯堡家族不同支系的统治之下。菲利普二世时代的西班牙，打败法国（1557 年和 1558 年），称霸意大利；继而在 1571 年勒班陀海战中围歼奥斯曼帝国庞大舰队，虽未能乘胜确立帝国在整个地中海的霸权，但也大振国威。而随着1565年菲律宾成为西班牙殖民地，东起墨西哥西岸阿卡普尔科，西至菲律宾马尼拉的所谓“马尼拉大帆船贸易”逐渐开启，西班牙在东西方贸易交往中的重要地位得以确立。1580年兼并葡萄牙之后，葡萄牙的东方帝国、非洲殖民地和巴西也同属西班牙国王菲利普二世，加上西班牙在欧洲的原有领地以及在亚洲和美洲的殖民地，西班牙由此成为世界上第一个日不落帝国，势力达到顶峰。

然而，西班牙在迈向势力顶峰的同时，国力的耗散也使帝国开始呈现颓势。国力耗散一方面来自连年的战争。西班牙除了与奥斯曼帝国在地中海展开消耗战，还卷入德意志的内部战争，并且出兵镇压尼德兰革命，尤其是与英国的战争让其在1588年损失了“无敌舰队”。连年战争导致国库空虚，西班牙王室先后在1557、1575、1596、1607、1627和1647年多次宣布破产。国力耗散另一方面则来自社会经济层面的空心化。由于美洲金银的吸引，许多西班牙人去美洲淘金，追求一夜暴富，没有人愿意老老实实从事生产劳动，西班牙农业生产萎缩。“暴发户”式的崛起到后来反而影响了西班牙本土实体经济的发展。沃勒斯坦一语点中要害，17世纪的西班牙扮演的只是一个“传送带”的角色。这个“传送带”将美洲的财富传送到荷兰、英国等地，带动了荷兰和英国的崛起，西班牙则在这过程中日趋没落。1659年，西班牙被迫与法国签订《比利牛斯条约》，宣告其彻底被宿敌法国击败，从此退出欧洲权力斗争的中心舞台。

荷兰：第一个资本主义商业帝国

荷兰的崛起始于一场从西班牙帝国统治下寻求独立的尼德兰革命。尼德兰（意为低地）原是奥地利哈布斯堡王朝大公的世袭领地，查理五世继承并通过征服进一步扩大了尼德兰，使其包含17个行省，范围涵盖今天的荷兰、比利时、卢森堡和法国东北部地区。1556年，查理五世将西班牙、尼德兰、意大利以及海外领地传给儿子——西班牙国王菲利普二世后，尼德兰便处于西班牙的统治之下。荷兰的崛起和持续发展与一场抗击西班牙的断断续续的“八十年战争”（1568—1648年）相伴随。

1588年，尼德兰北方七省组成“联省共和国”（也称荷兰共和国）。西班牙1609年与荷兰签订《十二年停战协定》，事实上承认荷兰共和国，并在1648年欧洲“三十年战争”结束后签订的《威斯特伐利亚和约》中正式承认荷兰的独立地位。自1588年取得事实上的独立后，荷兰的经济即进入快速增长期，在1590—1620年间创造了罕见的经济奇迹，商业、航运和城市都急剧扩张，国力也随之增强。凭借其商业和经济优势，荷兰成长为恩格斯眼中“17世纪标准的资本主义国家”，而17世纪也被称为荷兰的“黄金时代”。

关于17世纪荷兰的强盛程度，马克思曾在《资本论》中引用居希利的话说，荷兰“几乎独占了东印度的贸易及欧洲西南部和东北部之间的商业往来。它的渔业、海运业和工厂手工业都胜过任何国家。这个共和国也许比欧洲所有其他国家的资本总和还要多”。以领先世界的造船技术和造船业为依托，荷兰成为当时世界上的“海上马车夫”。据历史学家统计，17世纪上半期，人口不足200万的荷兰拥有全欧商船总吨位的3/4，是英国的4—5倍，法国的7倍，相当于英、法、葡、西四国的总和；17世纪中期欧洲各国总共拥有船只2万艘左右，其中约有75%，即1.5万—1.6万艘属于联省共和国所有。荷兰拥有当时欧洲最庞大的海军舰队，其舰船总数几乎超过英法两国海军总和的1倍。依靠强大的海军实力，荷兰积极拓展海外利益，参与全球殖民地的争夺。17世纪，其殖民领地扩张了60倍。在亚洲，荷兰夺取马六甲、马来群岛和中国台湾岛，在印度东西海岸、日本和台湾设立商行；在非洲，荷兰从葡萄牙手中夺取新航线的要塞好望角，1652年在南非建立航海基地（即后来的开普殖民地）；在大洋洲，荷兰人发现并占领塔斯马尼亚岛和新西兰；在南美洲，荷兰一度占领巴西；在北美洲，荷兰人在哈德逊河口建立新阿姆斯特丹，即现代纽约的前身。17世纪上半期，荷兰成为继西班牙之后最大的殖民国家。

商业资本在荷兰崛起的过程中扮演着重要角色。重商主义的

> 第一次英荷战争中两个船队在多佛海峡发生冲突

荷兰，开创性地将银行、证券交易所、信用以及有限责任公司有机地统一成一个相互贯通的金融和商业体系，创造了现代资本主义制度，对后世影响深远。1602 年通过特许状和公共集资成立的荷属东印度公司，对好望角以东和麦哲伦海峡以西的所有贸易拥有垄断权，在很长一段时间里，它是世界上最大的商业企业；1609 年成立的阿姆斯特丹银行，资本高于许多王国的资产，地位举足轻重。

17 世纪中期以后，荷兰国力开始走下坡路。从政治层面探究其衰落的原因，这与国家的不团结有关。荷兰抗击西班牙的“八十年战争”使联合省保持了政治上的团结。而当战争在 1648 年结束后，执政王与荷兰省各位实力强大的摄政者之间的不和，最终令联合省付出了代价，让出了世界强权的宝座。经过 1652—1674 年的三次英荷战争，荷兰被迫接受英国“航海条例”的限制和约束，“海上马车夫”的地位遭到削弱。17 世纪 80 年代前后，荷兰在欧洲的强势地位开始明显衰落。若从经济层面看，荷兰的衰落则如马克思在《资本论》里所说，“荷兰作为一个占统治地位的商业国家走向衰落的历史，就是一部商业资本从属于工业资本的历史”。到 17 世纪末，荷兰的经济地位很快被拥有强大工场手工业的英国所替代。到 18 世纪初，荷兰便失去了海上优势和贸易垄断权。

殖民帝国

英国:“不列颠治下的和平”

历史学家尤其是英国的历史学家，往往把 1588 年令强大的西班牙“无敌舰队”铩羽而归视作近代英国崛起的起点。诚然，英国因抵御了自罗马时代以来最强大的帝国的进攻，极大地激发了民族自信心，为英国日后从一个岛国变成欧洲强国并最终成为世界霸主奠定了基础。但是，英国的真正崛起还要等到 100 年以后。由于陷入国王与议会的持续对抗，在大陆国家竭力争夺欧洲霸权而爆发“三十年战争”（1618—1648 年）时，英国几乎被其他国家忽略。1640 年，威尼斯驻法大使不无轻蔑地说，“在世界各国的眼中，英国只不过是一个毫不起眼的民族，因而无足轻重”。

1688 年的“光荣革命”使英国的壮大呈现连续性和加速性。“光荣革命”后的英国以全新的姿态挑战欧洲头号强国路易十四法国的霸权，连续投入两场遏制路易十四称霸欧洲的战争，即“九年战争”（1689—1697 年）和西班牙王位继承战争（1701—1713 年），并取得巨大成功。1713 年《乌特勒支和约》签订后，英国在保证欧洲大陆力量格局基本均衡的同时，通过成功的海外扩张稳步壮大力量，触角大大超越欧洲的范围。此后英国又通过“七年战争”（1756—1763 年）维持了欧洲大陆均势格局的稳定，并再度摧毁法国和西班牙的海上力量，夺取法国在北美大陆和印度的几乎所有殖民地。英国著名史学家格林将“七年战争”看作英国历史乃至世界历史的一个重要转折点，称英国在此之后“不再仅仅是一个欧洲强国，不再仅仅是德国、俄国或法国的对手而已……英国突然高耸于其他欧洲国家之上。”从 1688 年之前的一个欧洲二流国家壮大为 1763 年西方世界头号强国，英国完成了崛起的过程。

18 世纪 80 年代开始的工业革命又使英国插上腾飞的翅膀，在短短几十年内就建成一套门类齐全的现代大工业体系，迅速登上历史的巅峰。1815 年，英国组织的反法联盟使拿破仑遭遇“滑铁卢”，在战后举行的维也纳会议上，英国获得许多经济和军事战略利益，进一步确立了其世界头号殖民强国的地位。历史学家保罗·肯尼迪指出：“到 1815 年英国已经引人注目地取得了全球的突出地位，这是由于他们把制海权、财政信用、商业才能和结盟外交巧妙地结合了起来。”19 世纪三四十年代，英国率先完成工业革命。工业化的实现促进经济的迅速发展和繁荣，造就了英国历史上著名的“维多利亚中期大繁荣时代”（1850—1873 年）。1848 年英国生产的生铁占世界产量 50%，此后的 30 年中又使产量增加了 2 倍。1850 年世界近 60% 吨位的船舶在英国登记，英国控制了世界贸易量的 20%，工业品贸易的 40%。在保罗·肯尼迪看来，1860 年前后的英国相对而言“可能达到了极盛时期”，它生产了全世界铁的 53%、煤和褐煤的 50%，并且几乎消费了全球原棉产量的50%。1860年，占世界人口2%和欧洲人口10%的英国几乎具有相当于全世界潜力40%—50%、欧洲潜力55%—60%的现代工业能力；其消费的现代能源（煤、褐煤、石油）是美国或普鲁士/德意志的5倍，法国的6倍，俄国的155倍。同样在1860年左右，英国占了欧洲对外贸易量的30%，欧洲出口工业品的43%。此时的英国是名副其实的“世界工厂”。

除了工业力量外，英国的国力还主要体现在海军力量和资本实力上。1815年，英国海军总吨位数超过排在其后的三个国家（法、俄、西）的总和，而大致相当于世界其他各国海军总吨位数的总和。约1860年，法国首先研制出装甲舰。英国人担心海上优势会被法国取代，且为防备拿破仑三世从海上入侵英国南部，便加快建造军舰的速度，到19世纪60年代实现了舰只的装甲化。以后20年，英国牢牢地把持着海上霸权。资本实力方面，长期的和平以及在英国国内容易取得资本的事实，再加上全国金融体制的改进，大大刺激英国人向国外投资，19世纪中叶每年达3000万英镑以上，1870—1875年间则上升到惊人的7500万英镑。到19世纪70年代，英国从这类利息和红利中取得的收入每年超过5000万英镑。其中大部分收入很快又向海外投资，投资数额呈螺旋状上升。英国大量输出资本的一个重要影响是，金本位制日益被接受，以向伦敦兑取的票据为基础的国际交换和支付机制得到快速发展。与强大的国力相适应，此时英国的海外殖民地也不断扩张，1815—1865年间，年均扩张约10万平方英里。英帝国在最鼎盛的时候，其领地占世界陆地总面积的1/4，遍及欧洲、亚洲、非洲、美洲、大洋洲所有大陆板块，人口也占当时世界总人口的1/4。人类历史上从来没有一个帝国拥有如此强大的势力！英国人引以为傲的“不列颠治下的和平”使历史上辉煌一时的“罗马治下的和平”显得黯淡无光。

然而从19世纪70年代开始，随着被美、德为首的其他国家迎头赶上，英国工业独霸全球的地位开始丧失；1899—1902年的布尔战争则成了大英帝国发展史上的一道分水岭。这场战争被当时的英国报纸称为一次“愉快的旅行”，但结果却既不“愉快”，也不是有去有回的“旅行”。本以为很快可以结束的战争持续了3年，共耗费2.5亿英镑，死亡2万余人。经此一役，很多英国人开始反思帝国的海外殖民政策。大英帝国停止了扩张的步伐，开始走向没落。两次世界大战后，英国相继交出海上霸权和全球金融霸权，大英帝国分崩离析。在大国的落日余晖中，英国迎来了它的“苏伊士时刻”。1956年，英国联合法国和以色列攻击埃及，妄图阻止埃及政府收回苏伊士运河的管理权，却在美国强力施压下被迫撤军。英国从苏伊士的屈辱退让成为“大英帝国崩溃”的标志性事件。

< 特拉法加海战是英国海军史上的一次重大胜利

不成功的挑战者

法国：永远的挑战者

美国著名经济学家金德尔伯格在《世界经济霸权》一书中将法国称为“永远的挑战者”。这一名号不仅适用于从全球经济霸权的角度看法国，也适用于概括法国的整个发展历程。它与隔海相望的英国纷纷扰扰、相爱相杀数百年，既争欧洲霸权，也争世界霸权。即使一时取得成功，用历史学家保罗·肯尼迪的话说，“它的成功也只是暂时的”。过去500年里，法国对世界体系的最重大影响并不在于军事或经济层面，而在于思想层面。法国启蒙运动和法国大革命所产生的跨国界影响十分深远，受其影响而掀起的世界革命浪潮成为推动人类社会秩序重构和世界体系重塑的一股重要力量。

法国的崛起始于17世纪初期。在困扰多年的宗教战争（1562—1598年）结束之后，法国社会危机得到化解，社会秩序得以重建，经济获得恢复，更为重要的是民族国家的概念进一步清晰，国家主权进一步集中。这些都为法国的崛起创造了有利条件。在欧洲“三十年战争”中，法国成为最大赢家，得到通向德意志的战略通道阿尔萨斯的大部分，获得压制德意志的有利地位。后来法国又通过1659年与西班牙签订《比利牛斯条约》，获得新的领土，削弱了邻邦，增强了自己。以至于有史家评论称：

“17 世纪的法国，靠着打劫它两个最弱的邻国——西班牙和德国而强盛起来。”法国由此奠定争霸欧洲的基础。

1661 年亲政的法王路易十四凭借强大的武力和灵活的外交手腕，在 20 年时间里几乎制服了所有的欧洲国家。当时，没有哪个国家能够阻止这位“太阳王”的扩张雄心，连神圣罗马帝国皇帝也被迫在 1684 年的《雷根斯堡停火协定》中承认法国在莱茵河地区的领土扩张。路易十四成为无可争议的欧洲霸主。与此同时，法国的海外扩张也进入新阶段，相继在中美洲的圣多明各、瓜得罗普、巴巴多斯、多巴哥和格林纳达、非洲的塞内加尔、北美洲的加拿大和路易斯安那建立了殖民地。得益于重商主义的强力推行，此时的法国资本主义经济得到很快发展，出现了空前的繁荣。巴黎成为欧洲的中心，巴黎连同它所代表的生活方式成为欧洲国家上流社会的楷模。俄国沙皇彼得大帝为了彻底学习并超越巴黎，干脆兴建了一座新首都圣彼得堡。拿破仑曾这样评价路易十四：“他是个伟大的国王，是他造就了法国国际一流的地位。”

18 世纪的大部分时间里，法国都在和英国进行激烈的霸权争夺。由于法国海军相对羸弱，在与英国争霸时基本上处于劣势。其中，西班牙王位继承战争削弱了法国的海外殖民势力，法国被迫将北美和西印度群岛的一些属地割让给英国，其中包括哈德逊湾、纽芬兰、圣克里斯托弗岛以及斯科舍。后来在英法“七年战争”（1756—1763 年）中法国惨败，更使它失去在美洲、印

< 巴黎人民在巴黎公社领导下占领杜伊勒里宫

度等地的大部分殖民地和势力范围。法国的实力受到极大削弱。

1789年之后不到一百年的时间里，法国经历四次革命，政体在君主制和共和制之间频繁地来回切换，出现了两个帝国、两个王朝、三个共和国：1789年革命，法兰西第一共和国建立；1804年，法兰西第一帝国建立；1815年，波旁王朝复辟；1830年革命，七月王朝建立；1848年革命，法兰西第二共和国建立；1852年，法兰西第二帝国建立；1870年革命，法兰西第三共和国建立。国内政局动荡给法国造成很大的内耗，反反复复的内部斗争使其错过了发展工业的大好时机，同时还因国内革命引发国际上的数度干涉。除在拿破仑时期法国几乎确立了在欧洲的真正霸权，“让整个欧洲匍匐在他的脚下”外，在19世纪的大部分时间里，法国发展滞后，不仅要接受落后于英国的现状，还要接受被美国、德国超越的残酷现实。

一战和二战使法国国运又经历一次大的起伏。1940年那场“奇异的溃败”敲响了第三共和国的丧钟，昔日的大国一度沦陷。战后，凭借“辉煌30年”的经济成就和联合国安理会常任理事国的国际地位，法国又一次成为欧洲大陆居于主导地位的大国之一，在国际舞台上扮演着重要的角色。

德国：成也战，败也战

当拿破仑的铁蹄纵横欧陆，让整个欧洲匍匐在他的脚下时，对于法国而言，这是其霸权的鼎盛时刻；但对于德国来说，历史展现了它令人意想不到的一面：恰恰是拿破仑的刀剑劈开了德意志统一进程中的荆棘，开启了德国崛起为世界大国的进程。

拿破仑战争前，德意志的政治版图由355个相互独立的邦和1476个自治的骑士领地组成。1803年，拿破仑将《吕内维尔条约》强加给德意志。该条约取消了112个邦，并以小邦并入大邦的方式使德意志邦国数减少到30多个。拿破仑还铲除了行会，并兴建了一些道路。历代有志于统一大业的德意志诸侯所未能完成的任务，在拿破仑的铁腕下推进了一大步。1815年，在反法战争胜利后召开的维也纳会议上，上述变化很大程度上得到确认，并在英、俄两国主导下，成立了一个由38个邦国组成的松散的“德意志邦联”，普鲁士和奥地利占据支配地位，但各邦依然拥有独立的主权。

此后，经济上的融合加速推进，为德意志的政治统一奠定了基础。1834年，在普鲁士的主导下，德意志关税同盟建立，各邦陆续加入关税同盟；1851年，各方就有关汇票的共同法律达成一致；1856—1858年，共同的度量衡确立；1857—1861年，共同的商业法律形成。经济融合促进了区内经济的强劲发展。到19世纪中叶，关税同盟地区工业总产量已是欧洲第三，仅次于英法。这成为德意志国家强大和统一的物质基础。

19世纪六七十年代，在“铁血宰相”俾斯麦的主导下，德国通过三次自上而下的王朝战争实现了统一，并因割取法国的两个工业省阿尔萨斯和洛林而版图有所扩大。1871 年，统一的德意志国家在法国凡尔赛宫镜厅宣告诞生。德国从此以一个统一的民族国家身份登上世界政治舞台，并在随后的半个多世纪中深刻地影响着欧洲的格局乃至世界的走向。

新生的德国在人口、国民生产总值、钢铁产量、煤产量、铁路里程等方面都已超过法国，在欧洲仅次于老牌帝国英国。而统一又给德国发展注入了新的力量。借着统一的东风，再加上及时抓住第二次科技革命的契机，统一后的 40 多年时间里，德国经济出现了跨越式发展。20 世纪初，德国基本实现了工业化；到

一战前，德国已在最新技术基础上建立起完整的工业体系，成为一个以重工业为主导的工业强国。其煤炭和钢铁产量跃居欧洲第一，1913 年德国的钢铁产量几乎相当于英、法、俄三国之和；化工产品总产量跃居世界首位；到 1910 年，德国的工业总量超越了所有欧洲国家，成为仅次于美国的世界第二大经济强国。

统一初期，俾斯麦苦心孤诣推行所谓的“大陆政策”，努力拉拢奥匈帝国、沙皇俄国和英国，构建了一个以德国为中心的庞大联盟体系，以达到孤立法国的目的。“俾斯麦外交”在相当长时间内主导了欧洲的国际关系，为统一后德国的快速崛起创造了有利的国际环境。然而，俾斯麦的努力在他 1890 年下台后“人走茶凉”，逐渐化为泡影。一方面，法国持续努力争取盟国，并在 1893 年缔结法俄同盟；另一方面，德国统治集团也不满足于俾斯麦“大陆外交”的保守性和狭窄性，开始转向“世界政策”，要争夺“阳光下的地盘”并发展大海军。面对德国追求欧洲霸权和世界霸权的威胁，英国也放弃“光辉孤立”的传统对欧政策，转而与法俄调整在世界范围内的利益冲突，于 1904 年和 1907 年相继缔结了《英法协约》和《英俄协约》，由此出现英、法、俄集团与德奥集团相对峙的两极均势局面。

20 世纪的两场世界大战，德国成了战争的策源地。德国在将数千万条鲜活的生命送进战争绞肉机的同时，也给自己挖好了覆亡的坟墓。一战之后，德意志第二帝国覆灭；二战之后，不仅疯狂的德意志第三帝国灰飞烟灭，德国也再次分裂，在其土地上出现两个国家，一座柏林墙将德国分为东德和西德。在战争中崛起的国家也尝尽了战争带来的苦果。1990 年 10 月 3 日，两个德国宣告正式统一，一个统一的大国再度崛起，成为欧洲大陆的领头羊，在国际政治经济舞台上发挥举足轻重的作用。

日本：拼命挤进西方俱乐部

近代世界 500 年，基本上是西方主导的 500 年。日本是在今日中国之前挤进世界大国俱乐部的唯一东方国家。但事实上，自 1885 年日本思想界泰斗福泽谕吉首次提出“脱亚论”后，日本的发展便走在“脱亚入欧”的轨道上，追随西方，“与西方文明之国共进退”，对待东方邻国则“按西洋人对待彼等之方式处理之”。时至今日，日本的兴衰沉浮仍属于西方俱乐部的故事。

日本崛起的故事一般要追溯到 1853 年美国“黑船来航”，这仍是一种西方的历史叙事。在这种叙事里，西方的一次次叩关、一次次侵略、一系列不平等条约，都被美化成人类社会进步的推动力。在过去的一个半世纪里，日本的兴衰史以 1945 年为界，大体可以分为前后各半的两个时期。

前一个时期的起点是 1868 年明治维新。封建幕府被推翻，天皇亲政，宣称“开拓万里波涛，布国威于四方”。日本从此走上效法西方、专心内治、实施资本主义改革、与西方争雄的崛

< 日本下田市的佩里舰队来航纪念碑

起之路。根据岩仓使团1871年11月至1873年9月赴欧美考察的建议，明治政府大力推行“殖产兴业”“富国强兵”和“文明开化”三大政策。“殖产兴业”重在效法英国，大力发展工业和对外贸易，以求富国之本；“富国强兵”则是效法德国，全面实行德式军事制度，优先发展军事工业和扩充军备，“扬国威于世界”；“文明开化”重点是加强教育和思想启蒙。通过明治维新，日本用不到40年就完成了欧洲200年经历过的资本主义原始积累和工业革命两个过程。从1885年左右开始，日本的经济发展逐步加速。在1870—1913年的数十年间，日本的发展尽管不如美国或德国快速，却把英国和法国抛在后面。随着实力的增强，日本的野心和欲望也与日俱增。明治维新后的70多年里，日本发动或参与了14次对外侵略战争，其中10次针对中国。通过战争，日本吞并琉球（1879年）、台湾（1895年）和朝鲜（1910年）等地。巨额战争赔款直接促进日本经济的崛起和军事实力的提升。中国甲午赔款的60%被用于扩充日本的陆军和海军。通过战争，日本确立了在东亚的霸主地位，堂而皇之跻身帝国主义列强行列；但也由于战争，“大日本帝国”最终败亡。1945年8月15日，日本在第二次世界大战中战败投降，第一次崛起的过程就此终止，日本的大国乐章画上了休止符。

日本的后一个兴衰周期以1950年为起点。战后初期，日本进行一系列现代资本主义政治体制和经济体制改革，为经济迅速起飞奠定了制度基础。1947 年 5 月 3 日正式实施的《日本国宪法》规定日本放弃以战争作为解决国际争端的手段，不保持陆海空军及其他战争力量，不承认国家的交战权。这使日本得以维持最低限度的军费开支，以促进经济复兴与腾飞。出于战略需要，美国通过“援助”和贷款形式，为日本经济的发展注入巨额资金。此外，美国在朝鲜战争和越南战争期间的特需订货也为日本产品提供了市场，极大地刺激了日本工业的发展。日本利用战后有利的国际环境和美国提供的安全保障，抓住第三次科技革命的契机，创造了战后“经济奇迹”。从 20 世纪 50 年代到 70 年代初期，日本经济以惊人的速度发展。史学家称这 20 年为日本的“高度成长时期”。1950 年到 1973 年，日本的国民生产总值（GNP）年均增长 10% 以上。以美元计，日本的国民生产总值在 1950 年约为 110 亿美元，到 1955 年倍增至 250 亿美元，到 1973 年更增至 3200 亿美元，约为 1955 年的 13 倍。与其他国家相比，日本经济总量在 1955 年为美国的 7%，而且落后于同期欧洲所有国家。1965 年，日本的国民生产总值超过意大利，1966 年超过英国，1967 年超过法国；到明治维新 100 周年的 1968 年，日本超过联邦德国，成为国民生产总值仅次于美国和苏联的世界第三大经济体。到 1973 年，日本的国民生产总值已达美国的 1/3。1983 年，日本的经济总量超过苏联，一跃成为世界第二大经济体。

但随着 20 世纪 80 年代的投机泡沫在 1990 年破灭，日本的经济停滞从此展开，一晃便超过10年。日本国内外的评论家在1999年前后为日本创造了一个广受注意的名词“失去的10年”，用以描述日本1990年以来的情况。当同样的困难延续至21世纪的头10年，“失去的20年”又成为日本经济发展的另一个标签。

俄罗斯：扩张，再扩张……

自1547年莫斯科大公伊凡四世（1533—1584年）加冕成为俄国第一位沙皇以降，俄罗斯近500年的历史先后经历沙皇俄国（1547—1917年，简称“沙俄”）、苏维埃俄国（1917—1922年，简称“苏俄”）、苏维埃社会主义共和国联盟（1922—1991年，简称“苏联”）和现在的俄罗斯联邦等时期。500年跌宕起伏，俄罗斯经历了沙俄时代和苏联时代两次从崛起到帝国形成，再到帝国解体的过程。

沙俄的崛起从彼得一世（1682—1725年在位）时代开始。彼得一世锐意改革，强化中央集权，带领俄国学习西方，向西而行，走上强国之路。其化名进入荷兰赞丹造船厂、英国格林威治造船厂学习先进造船技术，为后世津津乐道。在彼得一世的强势领导下，俄国建立了一支拥有300艘世界一流战舰的海军，制定并开始实行以欧洲为重点的争夺世界霸权的方针：北上夺取波罗的海出海口，西进兼并波兰，南下夺取黑海出海口和君士坦丁堡，东侵中国，同时向波斯、阿富汗和中亚扩张，寻找通往印度洋的道路。通过与瑞典进行长达 21 年的北方战争，1721 年俄国占领爱沙尼亚、拉脱维亚，彼得一世从瑞典手中夺得梦寐以求的出海口。同年，俄国参政院将国号改为“俄罗斯帝国”，尊称彼得一世为彼得大帝。正是在彼得大帝的手中，俄国奠定了发展的基础，其大国地位也得到英、法一流强国的承认。

叶卡捷琳娜二世（1762—1796 年在位）继承彼得大帝衣钵，把俄罗斯帝国带入黄金时代。在其统治期间，俄罗斯帝国南下、西进，从奥斯曼帝国和波兰立陶宛联邦手中，将包括新俄罗斯、克里米亚、北高加索、右岸乌克兰、白俄罗斯、立陶宛和库尔兰在内的大片领土纳入囊中；两次挑起俄土战争，从土耳其手中夺得黑海入海口和黑海北岸大片土地；三次瓜分波兰；甚至将北美洲的阿拉斯加和太平洋上的阿留申群岛划归俄国版图。俄国一度成为地跨欧、亚、美三洲的超级大帝国。历史学家算了一笔账，自罗曼诺夫家族 1613 年登上皇位以来，沙皇俄国的领土每天扩张 55 平方英里（142 平方公里），也就是每年 2 万平方英里。到 19 世纪末，沙俄统治着地球表面 1/6 的土地，并且还在继续扩张。正如俄国历史学家柳切斯基所说：“一部俄国史，就是一部不断对外殖民、进行领土扩张的历史。”

19 世纪初，由于拿破仑帝国的覆亡，沙皇俄国建立起欧洲大陆霸权。沙皇亚历山大一世被推举为欧洲神圣同盟的盟主，俄国被称为“欧洲宪兵”，成为欧洲事务的仲裁者，表面上盛极一时。

但相较于欧洲其他列强，俄国在 1815 年以后国际和平和工业化的大部分时期，趋向衰落。1854—1856 年的克里米亚战争充分证明了俄国“十分惊人的落后”。俄国丧失了拿破仑战争后欧陆头号强国的地位，直接促成了 1861 年的俄国农奴制改革，使俄国跌跌撞撞步入现代化之路。但直到一战前夕，俄国农业人口仍占 80%，人均工业化水平不到德国的 1/4、英国的 1/6。一战尚未结束，幅员辽阔的沙皇俄国便开始分崩离析，在欧洲政治中退居次要地位。

苏联时期，斯大林通过高度集中的指令性计划经济手段，集中力量发展工业，高速实现工业化。到 1937 年第二个五年计划完成时，苏联的工业总产值跃居欧洲第一、世界第二，一跃成为世界工业强国。第二次世界大战中，苏联以其强大的军事实力和巨大的牺牲，为世界反法西斯战争做出巨大贡献，国际威望空前提高，确立了世界超级大国地位。战后的近半个世纪中，苏联和另一超级大国美国展开了争夺世界霸权的冷战，成为两极世界中的一极。1949 年，苏联成功试爆第一颗原子弹，打破美国核垄断。

20 世纪 50 年代初，苏联经济以年均 11%—12% 的速度高速增长；50 年代后期苏联军事科技又取得举世瞩目的成就。1955 年 11 月，苏联第一次试验了从空中投掷热核弹；1957 年 8 月，苏联又成功发射了世界上第一枚洲际弹道导弹；同年 10 月 4 日，苏联用洲际弹道导弹将第一颗人造地球卫星“斯普特尼克 1 号”（Sputnik 1）送入轨道；时隔一个月，苏联又成功发射第二颗人造地球卫星“斯普特尼克 2 号”（Sputnik 2）。但紧随其后的美国两次发射均以失败告终。“斯普特尼克”事件所展现的苏联科技上的领先给美国带来巨大的冲击。美苏实力之变迎来所谓的“斯普特尼克时刻”。“氢弹之父”爱德华·特勒称，美国在一场比珍珠港事件更重要和伟大的战斗中败下阵来。1957 年 11 月 7 日，也就是十月社会主义革命爆发 40 周年当天，《纽约时报》提出一个有关美苏前途的问题：“时间对谁有利？”

此后 20 年，苏联实力继续增长，而美国则深受越南战争、中东石油危机等困扰。美国中情局评估显示，苏联国民生产总值与美国国民生产总值之比从 1960 年的 49% 升至 1975 年的 58%。但遗憾的是，这一比例的最高点永远定格在 1975 年的 58%。20 世纪 70 年代中期以后，苏联经济陷入近 10 年的停滞。里根政府抓住苏联经济的弱点，通过“星球大战”计划和贸易制裁等手段，从经济上拖垮苏联；并通过支持苏联的对手、分化瓦解苏联的盟友等计划周密的综合战略，加速苏联的解体。1991 年苏联解体，宣告其超级大国地位的终结。

超级大国

美国:“山巅之城”的神话

从1776年宣布独立至今，美国这个年轻的国家仅有不到250年的历史。在不到两个半世纪的历程中，美国从最初的北美十三州，发展成如今横贯北美大陆、东西濒临两大洋的世界超级大国，缔造了一个所谓“山巅之城”的神话。

在美国的历史叙事中，其崛起的基因潜藏于400年前踏上北美大陆的那批清教徒的“使命感”之中。1630年，也就是“五月花”号抵达北美普利茅斯的10年之后，被选为未来马萨诸塞海湾殖民地首任总督的约翰·温斯罗普，带领来自伦敦及东南各郡的近千名清教徒，分乘4艘船，跨越茫茫大西洋，来到北美新英格兰。登岸之前，温斯罗普在旗舰“阿贝拉”号上布道，告诉即将踏上新大陆的清教徒们要致力于建立一个为世界所瞩目的“山巅之城”。建立“山巅之城”是一种具有很深宗教烙印的“使命感”，它贯穿在美国的历史之中。正如美国历史学家爱德华·伯恩斯所言，“使命感”就像“一条贯穿美国大部分历史的金丝线”。而这种“使命感”恰如美国另一位历史学家罗伯特·贝斯纳所指出的，“从一开始其自身便含有一种扩张的冲动”。内在的扩张冲动在19世纪中叶衍生出一种“天定命运”论，并成为美国推行帝国主义的理论基础。这种扩张不仅包括领土扩张、经济扩张，也包括文化扩张。

从 19 世纪初到 60 年代的时间段里，美国通过巧取豪夺，使领土面积从 230 万平方公里增加到 930 万平方公里，足足扩大了 4 倍。东西有两大洋作屏障，四周无强邻环伺，美国奠定了崛起的地理优势。而在 1861 年内战爆发前，美国在经济上也有了重要的发展：1860 年，美国的铁路长度达 3 万英里，占全世界铁路里程数的一半，已经是英国的 3 倍、俄国的 30 倍；机器纺锭数居世界第二，仅次于英国而与法国并驾齐驱；在世界工业产量中所占的份额虽远远落在英国后面，但却超过德国和俄国，快要赶上法国。

内战结束后，美国真正登上崛起的快车道。联邦的政治基础更加巩固，束缚资本主义发展的障碍得以扫除，统一的全国资本主义市场向纵深发展，自由资本主义向垄断资本主义过渡，西进运动狂飙突进，各种鼓励工业的积极措施与第二次科技革命相结合，有力地推动了美国工业化进程。美国历史由此步入“镀金时代”。美国知名学者兼媒体人法利德 · 扎卡利亚认为，“在内战之后的数十年里，美国的经济增长才真正达到令人晕眩的速度”。1873—1913 年间，美国经济年均增长率为 5%；1885 年，美国超过英国，成为占世界制造业份额最大的国家；1886 年，美国取代英国成为世界上最大的钢铁生产国，而到 1902 年，其钢产量已超过英国与德国的总和；到 1900 年，美国能源消耗量超过德国、法国、奥匈帝国、沙皇俄国、日本和意大利的总和。20世纪初，“在几乎每一项重要的工业数字上，美国都已经明显成为世界上最强大的国家。”

不过当时，美国的经济实力并未实质性地转化为军事实力和地缘政治影响力。历史学家保罗·肯尼迪指出，在一个国家的经济力量升降曲线与军事影响升降曲线之间，有一个引人注目的“时间滞差”。美国是这一现象的典型例证。1890年的美国已是世界上最富有的国家，但其现役部队数量却位居世界第14位，排在保加利亚之后；海军力量在强国中位居最末，排在意大利之

> 美西战争中，美国海军陆战队登陆关塔那摩

后。1892 年以前，驻华盛顿的外交官没有一个是大使级，因为没有欧洲国家认为美国重要到值得派遣大使级外交官的程度。

1898 年的美西战争向世人展示了美国 8 年来打造“两洋舰队”、致力争夺制海权的成果。经此一役，美国的势力范围超出加勒比海和中美洲，延伸到太平洋地区。1906 年，《简氏战舰年鉴》首次将美国海军列为世界第二大海军。第一次世界大战之后，美国开始与“海上霸主”英国共享海上霸权。第二次世界大战后，美国又从英国手中攫取了世界金融霸权。至此，美国实现了与英国的权力转移，成为新的世界霸主。

取代英国成为新霸主之后，美国面临苏联的强大挑战，与苏联展开近半个世纪的冷战，争夺全球霸权。但最后这两个超级大国的竞争以苏联解体而告终。美国在冷战后迎来了短暂的“单极时刻”，一度沉浸在“历史终结”的狂喜之中。

但历史并未终结！

参考文献

1 中央电视台《大国崛起》节目组编著:《大国崛起》,中国民主法制出版社 2007 年版。

2 [美] 安德鲁·戈登著,李朝津译:《现代日本史:从德川时代到 21 世纪》,中信出版社 2017 年版。

3 [美] 法利德·扎卡利亚著,门洪华、孙英春译:《从财富到权力》,新华出版社 2001 年版。

4 [英] 保罗·肯尼迪著,王保存等译:《大国的兴衰:1500—2000 年的经济变革与军事冲突》,中信出版社 2013 年版。

5 [英] 西蒙·塞巴格·蒙蒂菲奥里著,陆大鹏译:《罗曼诺夫皇朝:1613—1918》,社会科学文献出版社 2018 年版。

6 [美] 伊曼纽尔·沃勒斯坦著,郭方、刘新成、张文刚译:《现代世界体系》(1—4 卷),社会科学文献出版社 2013 年版。

7 [美] 查尔斯·金德尔伯格著,高祖贵译:《世界经济霸权:1500—1990》,商务印书馆 2003 年版。

8 刘绪贻、杨生茂总主编:《美国通史》,人民出版社 2002 年版。

9 齐世荣、钱乘旦、张宏毅主编:《15 世纪以来世界九强兴衰史》,人民出版社 2009 年版。

10 [英] 克里斯托弗·克拉克著,王从琪译:《钢铁帝国——普鲁士的兴衰》,中信出版集团 2018 年版。

3

第三章

大国崛起的一般规律

第三章

人类历史上，大国兴衰的交互更替是一种常见现象。无数的专家学者、智者精英对此都进行过深入的研究和思考，试图找出深蕴其中的历史规律，但迄今尚无令人满意的标准答案。不过，历史总在一定范围内存在因果逻辑，各有特点的大国崛起也不乏相似的路径和经验。具备基本条件的后发国家，只有充分吸纳先发国家经验，制定适合自身和时代特色的战略，才能抓住机遇实现崛起。

大国地位往往取决于人口、领土、自然资源、地理位置、经济实力、军事力量和软实力等一系列因素，其中人口、领土、资源等是基本要素和物质基础，决定着一国成为世界大国的潜力。但潜力能否得到发挥及发挥到何种程度，在很大程度上取决于后天的战略和机遇等。恰当的国家战略不仅可以助推大国崛起，少走弯路，也事关大国地位的延续。如英国在丧失世界主导地位后，决定适应美国崛起而非对抗，将影响力又延续了几十年。

大国具备的优势越多，综合实力越强，繁荣持续的时间也更久。英美在科技创新、政府效率等方面优势都较突出，分别引领了第一次和第二次工业革命，各自形成前所未有的世界超级大国地位。但美国成就更大、霸权更突出，除后发优势外，主要在于人口、领土和资源等底蕴更深厚，规模效应更持久。不过，某些方面极其突出也可以部分弥补大国其他方面的不足。如葡萄牙、西班牙及荷兰，虽然人口较少，但凭借商业和军事等方面的压倒性优势而成为称霸一时的世界大国。

大国地位还取决于国际竞争态势。保罗·肯尼迪在《大国的兴衰》一书中表示，大国的兴衰是相对的，取决于当时环境下与其他国家实力升降的比较。20 世纪最后 10 年，苏联这个实力相当的竞争对手的倒下，成就了美国前所未有的唯一超级大国地位。中国在宋朝时被认为是当时世界上最先进的文明，在科技和经济等方面都处历史上的巅峰，但不幸生逢游牧民族实力超群的时代。西夏党项人、辽国契丹人、金国女真人及蒙古人四个主要敌人都有着强大的骑兵，平抑掉宋朝作为农业大国在财富上的优势，阻止了其成为“中国治下世界秩序”的霸主。

得天独厚开盈尺

得天独厚通常是指成功所需具备的优越条件和机遇，出自清代诗人洪亮吉的诗句“得天独厚开盈尺，与月同圆到十分”。在大国崛起的过程中，天时、地利、人和同样不可或缺。其中，优越的地理、人口等发展要素与环境，有时比制度等更重要、更具决定性影响。具备这些条件的，不一定必然崛起为世界大国，但若没有这些基本条件，则肯定无法称其为大国。在科技等其他条件相似的情况下，地缘和人口等方面的优势越突出，崛起为世界大国的可能性越大，持续时间也更久。

“人多力量大。”自马尔萨斯提出“人口论”后，国际社会对人口的消极影响强调较多，认为人口增长阻碍了贫困国家的发展。但近年来，人口对经济增长的正面影响受到越来越多关注。一定的人口和领土是大国崛起重要的前提条件。领土意味着资源和发展空间，人口代表着劳动力和市场。历史上，波斯、罗马、马其顿、汉、唐等帝国无不拥有众多人口和广袤疆域。葡萄牙、西班牙和荷兰虽凭借大量殖民地及商业资本、航海及军事等方面的优势而成为世界大国，但也因本土人口和领土规模不足而很快衰落。在工业时代，社会分工越来越复杂，对劳动力和市场的要求更高，不具备人口和领土优势的国家成为世界大国的难度越来越大。

工业革命前夕，英国的人口已具相当规模。工业革命后，英国凭借巨大的先发优势，将人口和资源潜力发挥到极致。在鼎盛时期，只占世界人口 2% 的英国，GDP 占全球的 30% 以上，对外贸易额占世界的 1/5，制造业贸易额占世界的 2/5。不过，随着其他西方国家先后完成工业化，英国在人口和资源方面的局限开始显现。英国政治家利奥·艾默瑞指出："在美、德等庞大而富有的帝国快速发展的情况下，这些小岛的支配地位怎么可能长期维持下去呢？我们的人口只有 4000 万，怎么可能与人口是我们 2 倍的那些国家竞争呢？"

美国的人口规模远超英、法、德、日等，领土更是它们的多倍，人口增长前景也优于其他发达国家。这决定了美国在劳动力、资源，特别是在市场等方面有着其他西方国家不具备的巨大优势。一定程度上，如果说英、德、法、日等的工业化分别只有一个发动机驱动的话，美国的东、中、西部以人口和面积衡量相当于两三个甚至更多的发动机。因此，美国的工业化全面完成所需时间更长，经济繁荣持续得更久，取得的世界大国地位和霸权也前无古人。如布热津斯基在《大棋局》一书中所言："美国成为第一个也是唯一真正的全球性大国，在全球享有至高无上的地位。”

日本人口较少，政治和文化阻力小，“船小好调头”，在明治维新后迅速进入工业化。由于取得先发优势，通过中日甲午战争赔款、国际资金和技术的挤占效应等，日本在较短时间内完成工业化，跻身发达国家行列。与英国类似，日本也以较小的人口规模和领土面积一度创造了世界第二大经济体的奇迹。但人口和领土也限制了增长空间，随着人力、市场、技术等逐渐接近极限，日本外向型经济增长的潜力日渐耗尽，在20世纪90年代后陷入长期低迷。

人口与地域等优势使得中国成为古代四大文明中唯一延续至今的文明，具有强大的“容纳之量与消化之功”。斯塔夫里阿诺斯表示：“中国太大、太具有凝聚力，不可能像印度和东南亚国家那样被彻底征服，总能同化或驱逐入侵者。”也正是人口规模庞大、传统文化根深蒂固，使得中国工业化启动面临的阻力大、需要的时间长，经历了多次尝试与失败。改革开放之初，人口一度成为负担，计划生育政策一定程度上助推中国摆脱“贫困陷阱”。经济起飞后，巨大的“人口红利”被认为是中国奇迹的重要因素。当前传统的“人口红利”减弱，但教育水平和人均收入的提高将带来前所未有的“人才红利”和“市场红利”，“13亿人一旦有了钱，就出现了一个超级市场。”

印度庞大的人口和广袤的领土使其古代文明在世界上占据重

要地位，也成为工业化起步的很大负担。2020年初，印度超过英国和法国成为世界第五大经济体。高盛预测，2040年印度将成为世界第三大经济体。在欧洲和东亚等国家因日益严重的老龄化而面临增长难题的情况下，印度在人口数量和构成方面有着巨大的优势和潜力，"继续拥有一个充裕的年轻人群体"。美国知名学者扎卡利亚断言："如果人口决定命运的话，印度的未来将高枕无忧。"

"远亲不如近邻。"针对中国改革开放后取得的经济成就，美国威斯康辛大学教授爱德华·弗里曼曾指出，其中一个重要原因在于中国"位于东亚而非东非"。在这里，他重点强调的是中国崛起的重要周边环境。改革开放后，中国处于二战后总体快速发展的东亚地区，相关经济成就的取得在一定程度上得益于东亚的群体性崛起——先是日本的现代化和战后工业化的完成，再有亚洲"四小龙"，之后从中国沿海开始的工业化浪潮逐渐扩展到内地。

邻国间的摩擦一般较多，但在文明和经济发展层面，往往是"远亲不如近邻"。历史上，大多数文明古国和强国都集中在欧亚大陆，呈接力式和群体性崛起。工业革命后，发达国家主要集中在欧洲和北美。诸多大国的兴衰表明，经济发展和文明进步有着较强的集群效应和周边扩散效应。这在东亚群体性崛起或"亚太世纪"的来临中有着更为充分的体现，也将在中国倡导的"一带一路”建设的推进过程中得到进一步证明。

欧洲的“起飞”是一个整体过程。威尼斯等意大利城邦、葡萄牙、西班牙和荷兰先后以商业为核心的崛起为欧洲群体性崛起开了先河，奠定了坚实基础。英国经济建立在大西洋沿岸国家的贸易基础之上，是大西洋经济。工业革命后，英国资本等跨过英吉利海峡向法国等西欧地区外溢。与此同时，现代制造业在北美登陆，在某种程度上美国经济成为英国经济的传承和继续。欧洲为美国经济的发展提供了资金、劳动力、技术及市场。19 世纪晚期，欧洲落后国家不断追赶欧美先进国家，大西洋经济圈实现整体起飞。

20 世纪中叶后，日本承接了许多从美国转移出来的制造业，进入高速增长时代。20 世纪末，中国成为又一个“世界工厂”。新中国曾在 20 世纪 50—60 年代接收了苏联援建的企业和设备，为后来工业“起飞”打下了基础。20 世纪 70 年代末的改革开放，可以看作工业化西进的重要一站。“工业化东进与西进在中国的交汇最终实现了中国的工业化，创造了‘中国奇迹’。”

500 年来，世界范围内发生了三次结构性的权力转移，也见证了部分区域的大国群体性崛起。第一次权力转移是欧洲的崛起。第二次权力转移是美国及其盟友的崛起。目前，国际社会正经历着近现代历史上的第三次权力转移，即亚太地区的群体性和“雁阵式”崛起。未来，随着“一带一路”建设的加速推进，人们也有望见证部分“一带一路”国家的群体性崛起。彼得·弗兰科潘在《丝绸之路——一部全新的世界史》一书中强调，“世界旋转的轴心正在回到那个让它旋转千年的初始之地——丝绸之路”。

打造高质量的朋友圈。从500年来大国崛起的时空顺序上看，后发大国不是先发大国的邻国，就是“远亲”或朋友，即在文化或政治等方面存在特殊关系的国家，如宗主国、盟国等。社会与政治距离对贸易和投资有着重要的影响，相似的文化环境易于知识和技术的传播。埃里克·琼斯在《欧洲奇迹——欧亚史中的环境、经济和地缘政治》一书中称，欧洲海外属地的兴起表明，文化和政治制度等因素在很大程度上可以弥补地理上的距离，如美国、加拿大、澳大利亚、新西兰甚至南非等都先后实现了工业化。也正因文化和政治制度迥异，“欧洲工业化的火苗在伊斯兰世界的‘石棉’边缘陡然熄灭了”。

日本属非西方文明，除了自身积极“脱亚入欧”外，美国在战略上的重视与扶持对日本的崛起起着非常重要的作用。在被美国打开国门后，日本成为美国的出口市场和航运补给站。在此后美国的国际战略中，日本成为越来越重要的一环。二战后，日本成为美国重点扶持以抗衡东方的对象，经济援助、直接投资和美国市场等有利条件是其高速发展的重要外因。

在西方经济科技占主导地位的时期，与经济发达国家的疏远乃至敌对使许多国家错失发展良机。阿根廷错失经济成功的良机被认为与结盟失策密切相关。丹比萨·莫约在《增长危机》一书中指出:“阿根廷最大的失误发生在1944年,当时它未能与美国结盟,而美国随后开始了经济腾飞。阿根廷领导人选择与英国结盟,从那时起阿根廷开始了经济衰退。”二战后,东欧等国家加入苏联阵营,推行苏式工业化,从而远离了世界中心市场与核心技术。

国向工则日新日智

经济增长是大国崛起的前提和基础,维持大国地位面临的最大挑战往往也来自经济层面。保罗·肯尼迪在《大国的兴衰》一书中强调:大国之兴衰,最终、更重要、更具决定性的因素,是相对于他国而言的经济实力。农业经济时代,世界大国往往是农业发达的国家。大航海后,葡萄牙、西班牙和荷兰等领土和人口规模有限的国家先后崛起,依靠的是当时无与伦比的商业和军事等实力。进入工业社会后,实现工业化是大国崛起的必备条件。现代经济体要想真正实现繁荣富强,就必须有强大、多样和富于创造性的制造业。

制造业兴国。制造业是技术创新的源泉,是经济增长的原动力。与前工业社会相比，工业革命使生产力惊人地提高。公元元年到公元 1400 年，世界经济年均增长率仅有 0.05%，而 17 世纪的荷兰、工业革命后的英国、19 世纪的美国和 20 世纪后半期的东亚经济体的年均增长率分别增至 0.5%、2%、4% 和 8%—10%。15 世纪前，世界经济总量翻番需要 1400 年，而 20 世纪的东亚经济体经济总量翻番只需 7—8 年。

18 世纪末，英国就已经建立起强大的工业基础，不仅拥有大批工艺精湛的手工家庭作坊，还有令人敬畏的造船能力，生铁产量占据全球总产量的 15% 左右。1870 年，英国在全球制造业产出中占近 1/3。

得益于独一无二的自然禀赋和来自欧洲的移民、投资等，美国在建国之初就成为一个庞大的经济体。南北战争结束后，美国

> 依萨巴德・金得姆・布鲁奈尔建造的第一艘金属船体轮船（1854年）

迅速进入工业化进程。1870 年，美国制造业占全球的比例不足 1/4，但到 19 世纪 80 年代末就增至 36% 左右。在此后一个世纪里，美国一直维持着世界制造业霸主的地位。

德国在 19 世纪下半叶最后 30 年起飞，完成从农业经济向工业经济的转型。在煤炭和钢铁等传统支柱产业的基础上，化学和电气等新兴产业得到迅速发展，德国成为世界级的化学工业大国，1877 年合成燃料产量占世界的一半。此后虽经历希特勒时期畸形的军事工业发展和二战后的分裂，但在 1990 年重新统一后，德国再次成为世界重要的制造业大国和贸易大国。

制造业占世界比重的变化也反映出大国格局的演变。1750 年，中国生产全球制成品的 1/3，居世界第一，印度排第二。1860 年左右，英国超过中国。1900 年，美国排名第一，英国和德国分居第二、第三。1953 年，世界制造业的顺序变为美国、苏联和英国，不过美国领先苏联达 4 倍以上。1980 年，美国和苏联继续领跑，日本超过英国成为第三名。

成为制造业大国是实现中华民族伟大复兴的重要保障。新中国成立之初，基本是一个“一穷二白”的落后农业国。中国现已成为世界第一大工业国，是全世界唯一拥有包括 41 个工业大类的最完整现代工业体系的国家，500 种主要工业品中有 200 多种产量居全球第一。2010 年中国制造业增加值首次超过美国，2018 年中国制造业增加值占世界份额达 28% 以上。世界工业大国的基本国情，有力支撑了“两个一百年”目标的逐步实现。习近平总书记在“改革开放 40 周年庆祝大会”上指出：成为全球制造业第一大国，标志着“中国人民在富起来、强起来的征程上迈出了决定性的步伐！”

顺应工业化规律。现代经济发展一般意味着从农业向低技术产业再到高技术产业和服务业的转型。各国工业化道路不尽相同，但产业递进规律相似，基本上按照食品、纺织、机械、化工、电子等序列有重点、有先后地发展。随着第一、二、三产业在社会生产中主体地位的依次演变，主导产业也由劳动密集型逐渐向资金和技术密集型升级。发达国家的工业化，均是先发展轻工业，后发展重工业。

许多后发国家在工业化过程中急于求成，颠倒发展顺序，走了不少弯路。“十月革命”后，苏联在计划经济下继续工业化进程。1929 年发布第一个五年计划，重点发展煤炭、钢铁等行业，调动全国资源实现重工业化。苏联的工业化虽取得一定成就，但由于政府强力干预、过于注重重工业，产业发展失调。新中国成立后，模仿苏联实行计划经济，重点发展重工业。20 世纪 50 年代末的“大跃进”又破坏了工业化的农业基础，延缓了工业化进程。从重工业起步的工业化，由于内在生产要素配置的扭曲和政治的过度干预，往往难以持久。

而顺应产业发展规律，先轻后重、逐级递进是新兴工业化国家成功的重要经验。20 世纪 80 年代初，中国也放弃了优先发展重工业战略，轻纺工业得到迅速发展。20 世纪 90 年代，中国的电子信息产业成为发展最快的产业部门之一。从 20 世纪 90 年代末开始，中国进入重化工业阶段，重工业的增速超过轻工业。

融入国际产业链。顺利承接国外的劳动密集型产业是后发国家实现工业化的重要前提。19 世纪下半叶，美国凭借其良好的自然资源、与欧洲紧密的人文纽带、便利的海洋运输条件，特别是强劲的经济发展势头，成为英国产业海外转移的最大受益者。1914 年，美国资本输入规模居世界之首，其中英国对美债券投资占其总投资的 85.9%。此次国际产业转移后，美国逐渐成为新的“世界工厂”。

美国在确立了全球经济和产业技术领先地位后，率先进行产业结构调整，将钢铁、纺织、日化、造船、普通工业机械等传统产业向外转移。日本、联邦德国等因经济发展水平较低但又具有较好的发展基础以及战略盟友关系而成为美国产业转移的主要承接地，很快成为全球劳动密集型产品的主要供应者。两国因此大大加快了工业化进程，综合国力迅速提升。日本发展成又一个“世界工厂”，联邦德国也成为世界经济强国。

20 世纪 70 年代，日本向外转移轻纺等劳动密集型产业及钢铁、化工和造船等资本密集型产业，造就了亚洲“四小龙”的经济奇迹。但“四小龙”经济体量小，产业升级周期短，在承接了日本高科技产业后，急需把劳动密集型产业转移出去。而此时大力改革开放的中国凭借低成本和地理等优势成为亚洲“四小龙”劳动密集型产业转移的主要承接者。在国内积极推进市场经济、国外积极吸引海外投资、充分发挥产业比较优势的基础上，中国工业化进程显著加快，成为新的“世界工厂”。

2008 年全球金融危机以后，全球掀起新一轮国际产业转移浪潮。中国成为主要输出国和引领者，承接地除中国中西部地区外，主要是“一带一路”沿线国家。亚洲经济与贸易的高增长态势也有望同步向“一带一路”地区传递。预计未来，“一带一路”国家 GDP 年均增速将显著高于全球平均水平，有望打造成新的世界经济增长带。

走好创新先手棋

科技创新是经济增长的重要动力，也是大国实力的主要标志。在 20 世纪 50 年代前，经济发达国家科技进步的贡献率为 20%—40%，60 年代以来升至 60%—80%。在 2001—2009 年间，美国高技术产业增加值占制造业增加值的比重由 17%升至 21.3%。对后发国家而言，模仿和吸收发达国家的先进技术是崛起的重要途径，但要成为主导性的世界大国，就必须有革命性的科技创新做支撑，如英国和美国对前几次科技革命的引领。

科技支撑崛起。经济发展最终要靠获取并掌握先进技术来实现。“大航海”以来，科技作用日益突出。亚当·斯密指出：劳动分工和市场的扩大促进了技术创新，国家财富增长直接源于劳动生产率的提高。诺贝尔经济学奖获得者罗伯特·索洛认为：长期看，经济增长的唯一源泉是技术进步。美国20世纪前半期人均产出的增长中，有7/8要归因于技术进步。

世界大国权力在地理上的转移也往往伴随着科技发展中心的转移。美国知名历史学家威廉·麦克尼尔认为，公元750—1100年，伊斯兰世界在科学和技术方面远远超过欧洲。公元1000年后，中国的科学技术世界领先。到了15世纪，世界科技中心开始向地中海和欧洲转移。葡萄牙全国人口只相当于南京的人口，但它船队的威慑力远远超过郑和的大船队。“大航海”后，西方崛起，意、英、法、德、美等先后成为世界科技中心。

16世纪中期，意大利城邦出现了一批重要的自然哲学家，使之成为近代科学活动中心。英国在16—17世纪涌现出吉尔伯特、波义耳、牛顿、哈雷等各领域大师，开辟了力学、化学、生理学等多个现代学科。18世纪中期到19世纪中期，法国涌现出达朗伯、拉普拉斯等一大批科学家，在热力学、化学、天体力学等领域做出突出贡献，为内燃机革命和化学革命提供了理论基础。19世纪20年代起，德国科学发展突飞猛进，有机化学、量子力学等成为引领世界的带头学科。20 世纪 20 年代，美国取代德国成为世界科学中心，抓住信息技术革命等机遇，站上世界科学前沿。

当前世界科技中心主要集中在欧美发达国家，但呈现出向亚太转移的趋势。日本科技实力依然突出，新兴经济体在全球研发中的占比越来越高，技术创新能力明显增强。中国科学院科技战略咨询研究院院长潘教峰等指出，世界正酝酿新一轮科技革命和产业变革，为中国建设世界科技中心、再次引领世界科技发展提供了难得的机遇。

引领高新产业。经济成功的国家往往高度重视科技创新，18 世纪新技术的领先者英国迅速成为欧洲乃至世界一流工业强国。2012 年，美国、日本和德国的《专利合作条约》（PCT）专利申请量分别达到世界总量的 26.44%、22.35% 和 9.61%。科技创新来源于广泛的工业实践和商业驱动。清华大学教授文一认为："只要踏上工业革命的大道，成为世界工厂，任何国家都可能成为全球技术创新的领导者，但若一个工业化国家放弃制造业，就很可能逐渐丧失技术优势和创新力。"

美国的科学技术一直以强大著称于世。人类历史上很重要的发明，如白炽灯、轧棉机、通用零件、生产线等都源自美国。瓦拉科夫·斯米尔在《美国制造——国家繁荣为什么离不开制造业》一书中指出："美国在 1865 年之后实现飞跃的主要动力在于技术进步，这些进步不仅让美国成为世界最大的大宗商品生产国，也让美国在新发明的商业化、推行新生产模式和提高劳动生产率等方面成为领导者。一个多世纪后，美国乃至整个世界仍在受益于其中很多具有划时代意义的技术发明。”

目前，美国经济增长面临诸多难题，但在科技方面仍是世界第一强国。在信息化、航天、人工智能、医学、军工等高新科技领域，美国均有着压倒性的技术优势。美国研发支出居世界首位，有着强大的基础科学研究实力及雄厚的科技人力资源。1901—2019 年，共有 613 位科学家获诺贝尔奖，其中美国籍为 287 人。美国人几乎垄断了计算机科学领域的图灵奖，汇聚了 59% 的世界顶级人工智能研究人员。美国还拥有 40 所世界百强大学，汇聚着全球大部分顶尖科技公司。

引进先发国家资本、人才和设备等是后发大国缩短技术差距的主要途径。1789 年，英国人斯莱特来到美国，凭记忆造出阿克莱特纺织机，成为美国近代工业的开端。19 世纪中叶，德、美铁路开通之始，输入了英国的机器和资本。在苏联早期，列宁的新经济政策曾把某些企业租给美、日等国经营。第一个五年计划期间，斯大林聘请了美、德等国专家做重点企业建设的顾问。二战后，日本大量输入英、美先进技术，有时把西方产品拆开，以反向设计加以仿造改进。在汽车制造、光学器材、精密仪器和精密机床等方面，日本的这种模仿式创新取得较大的成功。

中国在历史上的很长时期内都居于世界科技领先地位，但

> 中国国际信息通信展的量子通信光载5G极速通信展台

在过去500年里错过了前几次科技革命。新中国成立后，科技发展呈后来居上之势，在“两弹一星”等高端科技领域取得突出成绩。近年来，中国在量子通信、5G、人工智能等诸多领域实现重大突破，加快向世界科技强国迈进。在2017年全球批准的专利中，中国占30%，高于美、日、韩和欧洲的23%、14%、9%和8%。自2007年起，中国每年授予的自然科学和工学博士学位超过美国。

中国在科技领域和美国比仍有不小的差距，但增长速度快、发展潜力大。2000—2017年，中国研发支出年均增长17.3%，远超美国的4.3%。乔治·豪尔和马克斯·冯·泽德维茨在《从中国制造到中国创造：中国如何成为全球创新者》一书中指出：“实用主义、企业家精神、大规模研发投入、儒家文化传统及互联网高度普及等，将推动中国成为全球创新者。”

沧海横流显砥柱

自20世纪80年代起，新自由主义和“华盛顿共识”广为传播，发达国家纷纷要求发展中国家采取一系列所谓的“好政策”和“好制度”来促进经济发展。但实际上，这些政策和制度多数是工业化的结果。相对于“西式民主”，稳定的政局和良好的社会秩序在后发国家工业化和大国崛起过程中起着更为重要的作用。那些盲目接受“华盛顿共识”的国家，不仅未实现经济增长，多数还陷入政治动荡。

强大高效的政府。塞缪尔·亨廷顿在《变革社会中的政治秩序》一书中指出：在第三世界国家现代化过程中，经济发展和社会文化改造具有优先地位，政治现代化只有在前者发展后才能水到渠成。那些企图在短期内跨越到西方现代制度的国家，忽视了政治现代化的渐进性，往往欲速则不达。要实现从传统到现代的过渡，必须建立起强大的政府，即有能力制衡政治参与和政治制度化的政府。“各国间最重要的政治分野不在于政府的形式，而在于有效程度。”

赫尔普曼在《经济增长的秘密》一书中指出：强大政治体制支撑着国家发展和经济增长，存续较长的政权更利于形成促进增长的政策。在发展中国家，若没有可靠的政府行政、警务和司法部门，糟糕的经济结果往往会接踵而至。丹比萨·莫约在《增长危机》一书中强调："2014年，暴力使全球经济损失14.3万亿美元，占世界GDP的13.4%。20世纪30年代起阿根廷经济急剧衰退，一个重要原因是1930年至20世纪70年代爆发了六次军事政变。”

稳定的政府更容易在公共服务和基础设施等方面进行长远投资，推动经济增长。扎卡利亚指出：日本、美国、欧洲和中国的发展故事有一条共同的主线，就是强大和可信赖的政治体制。“中国政府有很高的民意支持率，有助于其贯彻执行既定的战略。”印度政府官员曾表示：“我们不得不做了许多政治上广受欢迎的蠢事，这些愚蠢的做法会削弱我们的长期经济潜力，但政治人物在短期内需要的是选票，而中国政府则可以做长远打算。”

开放包容的对外战略。当今全球化远未完成，国界和地理仍然阻碍要素流动，开放对后发国家经济增长更为重要。衡量贸易开放度的很多指标都与经济增长正相关，而自由贸易的扭曲与经济增长负相关，贸易开放国家的增速往往比闭关自守的国家要快一倍以上。格泽高兹·科勒德克在《21世纪政治经济学：世界将何去何从》一书中指出：封闭的经济体不可能出现长期快速增长，大国兴衰的历史多次证明，“宽容”是大国形成的必要条件，而“孤立”往往与没落相关。

改革开放是中国现代化建设不断取得成就的重要法宝。习近平总书记在党的十九大报告中，提出“推动形成全面开放新格局”，强调“开放带来进步，封闭必然落后”“中国开放的大门不会关闭，只会越开越大”“中国坚持对外开放的基本国策，坚持打开国门搞建设”。2020 年 11 月 12 日在浦东开发开放 30 周年庆祝大会上，习近平总书记进一步指出，要深入推进高水平制度型开放，敞开大门欢迎各国分享中国发展机遇，积极参与全球经济治理。

美国曾是一个高度开放的国家。从西进运动到工业的爆炸式发展，再到第二次世界大战的胜利，移民推动了美国的进步和成功。美国之所以在原子弹研制竞赛中获胜，与它能吸引那些欧洲移民科学家密不可分。计算机时代初期，美国在技术和经济领域取得突出的领导地位，同样与能吸引世界各地大批天才移民相关。硅谷催生了人类史上的财富爆炸，移民的创造力至关重要。

但美国耶鲁大学教授艾米·蔡表示：美国“今天正失去这种优秀素质，其优势正面临前所未有的威胁”。扎卡利亚指出：美国政治已经病入膏肓，深陷党派斗争中难以自拔，运作效率十分低下。特别是特朗普政府上台后，处处强调“美国优先”，大搞贸易保护主义，极力限制移民。开放政策的倒退，将进一步侵蚀美国的大国地位。

坚强有力的领导核心。领袖人物在历史发展中有着特殊的作用，关系到大国崛起的方向和速度。恩格斯曾指出，权威是植根于人类行为的一种普遍现象。政治学上的“蜘蛛网模型”表明，再复杂的蜘蛛网，也有一个“网核”。亨廷顿认为，现代化要求具有变革能力的权威，而权威必须集中于某些坚强有力的个人或集团手中。

领袖人物在历史的转折关头往往起着非比寻常的作用。诸多世界大国的崛起，都离不开那些改变国家命运的重要人物和领导人。《解放军报》理论部原主任刘新如认为，一个有权威的领导核心是大国崛起的关键要素，越是大国崛起的关键时期，越离不开强有力的领导核心和引领时代的领袖人物。

葡萄牙和西班牙在从封建分裂状态中走出后，形成统一的民族国家，出现了强大的中央政府及王权权威。葡萄牙以国家名义支持航海家对未知世界的探索，航海大发现成为有计划、有组织的国家战略。亨利王子主持建立起人类历史上第一所国立航海学校，组建了世界一流的船队。西班牙成为统一民族国家后，伊莎贝尔女王雄心勃勃地谋划远洋探险计划，为资助哥伦布远航，甚至卖掉了王冠上的明珠。

英国在伊丽莎白王权力量支持下，建立起欧洲最强大的海军。法国国王路易十四建立起绝对王权，把法国从一盘散沙的贵族封建制政权凝聚成一个强大国家。德国“铁血宰相”俾斯麦大规模实施社会改革，使德国综合国力跃居欧洲大陆之首。沙皇俄国的彼得一世发起具划时代意义的“强制性的现代化运动”，成为俄罗斯历史上“最伟大的帝王”。日本通过明治维新废除了贵族世袭特权，加强了中央集权，强制推行政治、经济和社会改革，最终跻身世界大国行列。

美国首任总统华盛顿，在开国和建章立制等方面都发挥了重要作用，1787 年主持制宪会议制定了沿用至今的宪法，在制度上确立了总统作为国家元首的权威；民主党创始人杰斐逊主笔起草了《独立宣言》，通过外交等手段使美国领土增加了近一倍；林肯领导取得了南北战争的胜利，颁布了“解放黑奴宣言”，维护了联邦的统一；富兰克林·罗斯福的“新政”从经济危机的深渊中拯救了美国，使之得以赢得二战并在战后成为超级大国。

从历史上看，没有领导核心的国家往往会陷入“俾斯麦陷阱”。在普法战争后，俾斯麦从孤立、削弱法国的战略目的出发，主张在法国实行多党执政的共和制，认为一个不稳定的共和制政权可以使法国像一座不稳定的火山。1875—1940 年，法国更换了 102 届政府，平均每个内阁只存活 5 个多月，甚至有两个内阁仅存在一天。苏联亡党亡国原因复杂，但执政党权威的丧失是重要原因之一。

“万山磅礴看主峰”，确立强有力的领导核心，是中国共产党取得革命胜利的宝贵经验。邓小平曾深情地说：“如果没有毛泽东，中国人民还要在黑暗中摸索更长的时间。”党的十八大以来，党和国家事业取得历史性成就，根本在于以习近平同志为核心的党中央的掌舵领航。在中华民族迈向伟大复兴的关键时刻，习近平总书记充分展现了自信笃定的政治意志力，战略判断高瞻远瞩，发挥着“主心骨”“中流砥柱”作用。

参考文献

1 ［英］保罗·肯尼迪著，王保存等译：《大国的兴衰：1500—2000 年的经济变革与军事冲突》，中信出版社 2013 年版。

2 ［美］塞缪尔·亨廷顿著，王冠华等译：《变革社会中的政治秩序》，生活·读书·新知三联书店 1989 年版。

3 ［美］贾雷德·戴蒙德著，栾奇译：《为什么有的国家富裕，有的国家贫穷》，中信出版社 2017 年版。

4 ［美］兹比格纽·布热津斯基著，中国国际问题研究所译：《大棋局——美国的首要地位及其地缘战略》，上海人民出版社 1998 年版。

5 ［美］斯塔夫里阿诺斯著，吴象婴、梁赤民、董书慧、王昶译：《全球通史——从史前史到 21 世纪》，北京大学出版社 2006 年版。

6 ［美］法里德·扎卡利亚著，赵广成、林民旺译：《后美国世界——大国崛起的经济新秩序时代》，中信出版社 2009 年版。

7 ［美］艾米·蔡著，刘海青、杨礼武译：《大国兴亡录》，新世界出版社 2013 年版。

8 ［美］欧阳泰著，张孝铎译：《从丹药到枪炮：世界史上的中国军事格局》，中信出版社 2019 年版。

9 ［美］丹比萨·莫约著，王雨晴译：《增长危机》，中信出版社 2019 年版。

10 ［美］瓦拉科夫·斯米尔著，李凤海、刘寅龙译：《美国制造——国家繁荣为什么离不开制造业》，机械工业出版社 2014 年版。

11 ［美］威廉·麦克尼尔著，孙岳、陈志坚、于展等译：《西方的兴起——人类共同体史》，中信出版集团 2018 年版。

12 ［英］埃里克·琼斯著，陈小白译：《欧洲奇迹——欧亚史中的环境、经济和地缘政治》，华夏出版社 2015 年版。

13 ［英］张夏准著，严荣译：《富国的伪善——自由贸易的迷思与资本主义秘史》，社会科学文献出版社 2009 年版。

14 ［波兰］格泽高兹·科勒德克著，龙云安译：《21 世纪政治经济学：世界将何去何从》，中央编译出版社 2015 年版。

15 ［日］大前研一著，朱悦玮译：《低增长社会——保护主义与反全球化危机的应对之道》，北京时代华文书局 2019 年版。

16 张帆：《产业漂移——世界制造业和中心市场的地理大迁移》，北京大学出版社 2014 年版。

17 文一：《伟大的中国工业革命——发展政治经济学一般原理批判纲要》，清华大学出版社 2016 年版。

4

第四章

战争与大国兴衰

历史上几乎每一个大国的衰落与另一个大国的崛起都不是基于和平的范式，崛起过程中使用的血腥手段清晰地表明，大国兴衰一直与战争、武力因素关系密切。哥伦布和达·伽马在15世纪最后10年的大航海之旅，到1521年麦哲伦的环球航海之后画上句号。自此以降5个世纪，一个核心的时代特征就是战争，或者说国家之间的竞争形式多数时间表现为战争。

500年来，大国列强角逐互搏，轮番登上世界历史的大舞台，其中有些国家因战而兴实现崛起，有些国家因战而衰被打回原形。通过国家间战争、战役甚至一国的革命或内战研究大国兴衰中重大历史事件、进程，既具某种标志性，也有胜败直观性。一场决定性战争的结束是标志新大国崛起或旧大国衰落的最明确的象征，比如说德国和日本败于“热战”、苏联垮于“冷战”，这里描述的是持续多年的战争或准战时状态，形象且具说服力。

克劳塞维茨认为:“战争是迫使敌人服从我们意志的一种暴力行为”,战争是政治交往的一部分,战争是手段,政治是目的。没有哪一个国家能够通过一场战争就实现霸权。在数百年的时间里,大国之间有可能爆发上百场战争。一个国家能否在多数战争中取得决定性胜利进而实现崛起,主要取决于战争背后具有主导性和支配性的思想、战略、政治、经济、军事、文化、技术等方面的综合博弈、较量。以重大战争为主线梳理近代以来西方大国兴衰的转折史可知,战争作为解决国家之间、全球冲突的手段不仅成本高昂,而且不可控。“百战百胜,非善之善也”,当今世界越来越难以通过战争实现大国崛起或是重新崛起。

据挪威历史学家统计,在截至1982年有文字记载的5560年中,世界上共发生过14531次战争,平均每年2.6次。法国历史学家统计，在1740—1974年的234年间，世界上共发生过366次战争，平均每年1.6次。

虽然相关记载、统计不尽完备和准确，但形象地证明了马克思、恩格斯合著的《德意志意识形态》所阐述的“战争是一种经常的交往形式”。马克思在《资本论》中进一步指出：“暴力是每一个孕育着新社会的旧社会的助产婆。暴力本身就是一种经济力。”保罗·肯尼迪的《大国的兴衰：1500—2000年的经济变革与军事冲突》则通过探讨经济、战争和争霸之间的相互关系和基本规律，全面展现了500年间全球范围内各个大国的兴衰起落。上述认识是以资本主义兴起、发展和壮大三个时期为背景的。战争促进了封建生产方式向资本主义生产方式的迅速转变，上演了一幕幕胜负成败、兴衰更替的大戏。

葡、西、荷：捉对厮杀，轮番登场

“大历史观”的倡导者黄仁宇先生在其明史研究专著《万历十五年》开篇提到：“1587 年，在西欧历史上为西班牙舰队全部出动征英的前一年。当年，在我国的朝廷上发生了若干为历史学家所易于忽视的事件。这些事件，表面看来虽似末端小节，但实质上却是以前发生大事的症结，也是将在以后掀起波澜的机缘。其间关系因果，恰为历史的重点。”

风起于青萍之末。这种被赋予了重要意义的年代，在漫长的人类历史上几乎到处存在。无论是“平平淡淡”的万历十五年（1587 年），还是“轰轰烈烈”英国与西班牙海战的 1588 年，发生的事都不同寻常地开启了朝代、国家兴衰更替的进程。

16 世纪中叶起，英国经常在西班牙殖民地进行走私贸易，抢劫西班牙运送金银的舰队并袭击其殖民据点。伊丽莎白一世女王（1558—1603 年在位）继位后，不承认 1493 年教皇把美洲大陆分给西班牙和葡萄牙的通谕，开始与西班牙展开激烈的殖民地争夺。英国为海盗颁发执照，致西班牙从美洲运回的金银财宝屡遭英国私掠船抢劫，英国皇室参与分赃。此举不光彩却很奏效，英国国库财力充盈，海军装备得到更新。西班牙国王菲利普二世（1556—1598 年在位）忍无可忍，建立了一支“无敌舰队”伺机进攻英国本岛，教训一下英国。

1588 年 5—10 月，由 130 艘战舰、7000 名水兵、2.3 万名步兵组成的“无敌舰队”远征英国。海上决战期间，英军采用了“一字阵”战法，将舰船首尾相接，用侧面舷炮轰击敌船，也采用过火烧连船的战术。后来，“无敌舰队”从英国北海绕过苏格兰和爱尔兰返回西班牙，中途又遇风暴。在这一战役中，“无敌舰队”损失 32 艘战舰和 1 万名官兵。只有 9000 人的英国舰队借助先进的火炮和战术打败西班牙“无敌舰队”，不但彻底消除了英国在舰船规模、兵力配备、肉搏战能力方面明显落后于西班牙的劣势，把西班牙赶下了世界霸主的神坛，还推动海战进入“火炮”时代，宣告现代海战的开始。

“无敌舰队”的覆灭成为西班牙由盛转衰的标志。西班牙的太阳渐渐落山，英吉利的太阳刚刚升起来。那么早于英国，葡萄牙、西班牙和荷兰是如何剑火开道，纵横四海，成其霸业的呢？彼时的欧洲舞台上，国与国之间合纵连横，分分合合，时而化敌为友，时而反目成仇。丛林法则和战争支配着国家博弈，只为一个目的——财富！

随着工场手工业的兴起，欧洲的封建生产关系逐步走向解体，资本主义生产方式逐步产生。沿海城市最早出现资本主义生产方式的萌芽。一些手工工场主、城市的富商、银行家和农场主开始转变为资本家。为了发展资本主义生产，资本家开始了资本原始积累的过程。除了剥夺农民的土地外，他们将眼光瞄向海外，远涉重洋进行战争掠夺。

15—16 世纪，欧洲掀起大航海浪潮，葡萄牙和西班牙两国走在世界前列，成为世界近现代史上最早的两大全球性帝国。在很多国家还在从事农业、手工业生产的时候，为了打开原料和产品的海路通道，葡萄牙最先开始航海冒险，并获得巨大成功和经济利益。葡萄牙开拓了通往东方的新航线，西班牙人发现了美洲新大陆，开启了欧洲首次大规模、远距离的交流和联系。

掌握了海路，就掌握了贸易通道，掌握了各种信息交流渠道。但这一切均建立在“剑与火”的基础之上，并足以保障葡萄牙、西班牙成为当时的世界强国。

葡萄牙是最早有组织和有计划地开辟新航路的国家，国王把海外扩张定为国策。早在 15 世纪上半叶，葡萄牙政府就多次发布命令，要对伊斯兰教徒封锁海洋，任何国家的任何船只，不经葡萄牙政府许可，不准在西非沿岸航行。1455 年，罗马教皇尼古拉五世颁布了授予葡萄牙海上霸主地位的特权令，葡萄牙取得对海洋的独断权。

1502 年，达·伽马率领 20 艘武装船再征印度。他们在莫桑比克、基尔瓦等地设立了商站，洗劫了印度的卡利卡特。为了控

< 西班牙『无敌舰队』

制印度洋航路、掠夺往来于印度和埃及之间的商船，达·伽马于1503年回国时留下一支舰队常驻印度。为了控制从红海通往阿拉伯海岸的道路，1506年葡萄牙又占领了红海口的索科特拉岛、波斯湾口的忽鲁莫斯岛以及印度西北岸的第乌港。1508年，葡萄牙占领了霍尔木兹海峡，从而控制了印度到波斯湾的贸易路线。1509年，葡萄牙舰队击败印度、阿拉伯和土耳其的联合舰队，取得印度洋制海权。这样，葡萄牙在印度洋地区确立了垄断地位。

为了进一步扩张殖民势力，1510年，葡萄牙在印度果阿设置管辖其在亚非各殖民地的总督府。次年，葡萄牙占领马六甲，控制了马六甲海峡，并在科伦坡、苏门答腊、爪哇、加里曼丹、苏拉威西和摩鹿加等地建立了商站。1517年，葡萄牙人到达中国，1553年窃据澳门。1543年，葡萄牙势力到达日本，并在九州设立了商站。这样，通过16世纪初到40年代的殖民开拓，葡萄牙建立了一个从直布罗陀经好望角直到远东的殖民地网络，控制了东西方之间的海上商路，建立了一个以经济掠夺为中心的殖民帝国。

葡萄牙一时风头无两，但在世界上称霸的时间不是很长。1578年北非摩洛哥发生内乱，葡萄牙看到有机可乘，大举兴兵进攻。在这场被称为“三王之役”（即葡萄牙国王和他支持的摩洛哥废王对阵摩洛哥新王）的战役中，葡萄牙几乎全军覆没，8000人阵亡，15000人被俘，国王也在战争中阵亡。这一仗让葡萄牙元气大伤，西班牙国王菲利普二世借口自己有一半葡萄牙血统，于

1580年吞并了葡萄牙，一代海上强国葡萄牙自此退出争霸舞台。

从1492年12月哥伦布在海地建立第一个殖民据点起，到1511年迭戈·贝拉斯克斯占领古巴为止，西班牙殖民者在加勒比地区进行了19年“剑与火”的征服。西班牙通过在美洲组织政府、建造城镇、修筑军事要塞，征服了当地一个个王国，宣布几乎整个中美洲和南美洲是西班牙的殖民地。在对加勒比地区进行征服的几十年内，有1200万—1500万印第安人被杀害。从1519年开始，西班牙又先后对墨西哥、智利、哥伦比亚、委内瑞拉、阿根廷、巴拉圭和乌拉圭等地进行了征服，到1580年，西班牙殖民者在整个南美洲建立了一个殖民大帝国。

自此以后，在海外建立和掠夺殖民地成为大国争夺的重要动力，也直接导致世界殖民体系的形成。冒险和征服的奖赏是丰厚的。西班牙从美洲掠夺了大量财富，例如1533年西班牙殖民者皮萨罗率领169名士兵灭了印加帝国，掠走大量金银财宝。就这样，黄灿灿的金子和白花花的银子源源不断地从美洲流入西班牙。到16世纪末，世界开采贵重金属的83%流入西班牙。

从美洲获得的巨大利益，使西班牙有财力建成世界最强大的海军，控制了海上贸易运输，当时的烟草生产和贸易几乎全被西班牙垄断。16世纪的西班牙除了占领中美洲和南美洲外，还占领了菲律宾群岛，打败了法国和奥斯曼帝国，称霸欧洲。西班牙国王卡洛斯一世（1516—1556年在位）称：“在朕的领土上，太阳永不落下。”西班牙成为世界第一个“日不落帝国”。

西班牙帝国维持到16世纪末，荷兰兴起了。荷兰（尼德兰）长期为西班牙所统治，与葡萄牙及西班牙相比，较早出现了封建制度的解体和资本主义的萌芽。16世纪下半叶，尼德兰的资产阶级领导了反抗西班牙统治的民族独立战争，开始摆脱西班牙的控制。1581年，荷兰宣布独立。1609年西班牙被迫与荷兰休战，承认荷兰共和国的独立。荷兰打败了西班牙，历史上称为“尼德兰革命”，也是世界上第一次成功的资产阶级革命。自此，荷兰称雄于17世纪。

英国击败西班牙“无敌舰队”后，两国海上力量都遭到极大削弱，反而为荷兰的航运业创造了发展机遇。荷兰独立以后，充分利用国家的优势来发展海洋实力，建立了强大的海军和庞大的海上运输团队。17世纪，荷兰的船队几乎垄断了全球的海上贸易，牢牢掌握着海上商业的霸权。当时，荷兰的人口不到200万，但是海船的总数超过1万艘，17世纪上半叶超过1.6万艘。到1655年前后，荷兰已取代西班牙的海上贸易地位，当时欧洲人称其为“海上马车夫”。

1602年3月20日是荷兰的大日子。一个受国家议会特许的荷兰联合东印度公司正式组建，董事会17人即著名的“十七绅士”。公司通过证券交易和有限责任等制度创新，瞬间成为全球范围内资本最为雄厚的私人公司。荷兰政府给予东印度公司

“十七绅士”特定区域内主权国家的权力，让其可以筑造堡垒、对外发动战争和签订条约。但公司后来因英荷战争出现经济危机，于1799年12月31日宣布解散。鼎盛时期，这家私人公司在亚洲就拥有100多艘商船和数十艘战舰，全球有5万多名员工，在亚洲有35个据点，实际成为荷兰对外侵略和殖民统治的权力机构。

西方对外战争掠夺不仅需要“剑与火”开道，也需要“笔与舌”合法性辩护。被称为国际法和海洋法鼻祖的荷兰人胡果·格劳秀斯（1583—1645年）在其《海洋自由论》里主张公海可以自由航行，为当时新兴的海权国家荷兰提供了相关法律原则的基础，以突破当时西班牙和英国对海洋的垄断；其极富智慧的巨作《战争与和平法》，突出夸大正义战争一方的权利。到17世纪中叶，荷兰迅速发展成世界贸易中心与金融中心，其中荷兰对资本主义世界最主要的贡献是金融业，现代的银行系统最早就是在荷兰建立起来的，并最早形成现代意义上的资本市场。金融发展盘活了工业竞争力和军工工业，成就其在商贸和海运的世界主宰地位，荷兰海军力量远超当时世界上任何一个国家，成为无可争议的世界霸主。

不过，荷兰很快就遇到对手，海洋霸权地位遭到英国的挑战。英国内战（又称英国资产阶级革命，1642—1651年）结束后，克伦威尔建立了英格兰联邦，恢复扩张路线，大力发展海军。为了与荷兰争夺海上贸易和金融主导权，17—18 世纪英、荷之间进行了 4 次战争；1667—1713 年因路易十四的领土争夺，荷兰又与法国大战了 46 年，经年战争致荷兰的衰落不可避免。荷兰历经一段耀眼的辉煌时代后，在 17 世纪下半叶开始走下坡路，因国土规模小、缺乏资源、金融泡沫破裂、经济基础薄弱等，最终在与英、法的长期竞争中败落下来。

英、法：因战而起，因战而落

一般而言，大国的兴起与衰落是一个很长的历史过程。就兴起周期来看，大致可以分为准备期、崛起期和稳定期。任何大国的兴起都有其独特的周期，但 17 世纪英、法两国差不多同期崛起，崛起期两国的内部条件、外部环境和主要手段也具有较高的相似度。从长时段视之，两国都是因战而兴，又因战而衰。

谈及大国兴衰，其中的“大国”主要是针对民族国家而言，而推动欧洲民族国家形成的正是一场历时漫长、背景复杂、影响深远的战争——“三十年战争”（1618—1648 年）。这场战争是历史上第一次全欧洲大战，是欧洲各国争夺利益、霸权的矛盾及其宗教纠纷激化的产物，并与一些国家最初的资产阶级革命密切相连。彼时，哈布斯堡王朝成了衰亡的封建制度的维护者，在竭力谋求欧洲霸权时，遭到德意志新教诸侯国的反抗。战争基本上以德意志新教诸侯和丹麦、瑞典、法国为一方，并得到荷兰、英国、俄国的支持；哈布斯堡王朝统辖下的神圣罗马帝国皇帝、德意志天主教诸侯和西班牙为另一方，并得到教宗和波兰的支持。战争最后以哈布斯堡王朝战败并签订《威斯特伐利亚和约》而宣告结束。

和约正式开创了一个后来被称为威斯特伐利亚体系的国家体系形式。该体系是现代国际关系体系的雏形，第一次以条约的形式肯定国家主义的国际体系。伴随着君权势力的上升与教权势力的下坠，欧洲各国接受了国家至上的主张：只要是为了促进国家福祉，使用任何手段包括战争都是合法的。国家利益观正式取代中世纪的世界道德观，欧洲进入政治博弈并最终诉诸战争分配利益的时代。

英国称霸世界近 300 年，巅峰期则不过百年。英国历史学家、旅行作家简·莫里斯认为：“在经历了许多战争之后，英国人对战争已经习以为常了，帝国总是为他们提供一个持久的战场。”战争、战争还是战争，英国要么在战争中，要么在通往战争的路上。英国精于计算战争的成本和收益，知道如何通过战争捞到好处。胜多败少、胜大败小成了英国的“兵家常事”，就这样从 16 世纪一直打到 20 世纪。

英国大国成长之路的理论起点是“三十年战争”。在这期间，英国正处于从封建社会向近代国家转变过程中，对外战争要求加快转变的进程。由于地理位置的原因，英国王权一直不很强大，英王掌握的资源比起同期的法国和西班牙君主要逊色得多。在欧洲民族国家争夺海外利益的战争日趋激烈之际，英国向近代国家转型尤其艰难，付出的政治代价也比欧洲其他国家要大。实际上，从1640年英国资产阶级革命爆发到1688年“光荣革命”是英国兴起更具里程碑意义的时期。

一般认为，法国是近代欧洲国际社会形成之后崛起的第一个大国，即是《威斯特伐利亚和约》缔结过程中和缔结后的第一个现代意义的大国。虽说英国是荷兰海洋霸权的继承者，但荷兰海上霸权的真正终结者却是法国。法国作为威斯特伐利亚体系的一个最大受益者，也是这一体系最大的变数。从1748年的法国西班牙战争，到18世纪末19世纪初控制大半个欧洲的拿破仑帝国，欧洲大陆均势、威斯特伐利亚体系一步步被打破。游离于欧洲大陆之外的英国，也参与组织了7次反法同盟。在拿破仑帝国的废墟上，英国、奥地利、普鲁士、俄国四大战胜国以及法国、丹麦、西班牙、瑞士、教皇国等在奥地利维也纳召开会议，以均势原则、正统主义、补偿原则确立了新的维也纳国际关系体系。显然，与威斯特伐利亚体系（1648年）一样，此维也纳体系（1815年）与之后的俾斯麦大陆联盟体系（1871年）、凡尔赛—华盛顿体系（1919—1922年）和雅尔塔体系（1945年）前后五大国际关系体系，都是通过战争打出来的。

巧合的是，英、法崛起之际也是两国争霸之时。1688 年“光荣革命”之后，英国走上了问鼎世界海洋霸权之路，这次的主要对手换成了法国。1689—1815 年的 100 多年中，以英国和法国为首的两大阵营打了 7 场大规模战争，史称“第二次百年战争”。这一次，不是英国被取代，而是英国彻底打败法国，成为世界霸主。

两国争霸之初，法国正处于路易十四国王治下，综合国力远胜英国。路易十四于 1643 年（5 岁时）成为法国国王，1661 年亲理朝政，统治法国 54 年直到 1715 年，在位达 72 年之久，是人类历史上在位时间最长的国王，对外战争成为这一时期法国的基本历史，期间不停歇地进行了近 33 年的对外战争。

路易十四史称“太阳王”，正是在他的手上，一个专制时代羸弱落后的法兰西一举锤炼成强大帝国。在“三十年战争”之后的近 40 年里，法国通过与西班牙的战争及《比利牛斯条约》(1659 年)、对荷兰的战争及《奈梅根合约》(1678 年)，以及吞并和威胁西班牙属地及《累根斯堡条约》(1684 年)，建立了在欧洲的霸权。法国启蒙运动领袖伏尔泰虽然反对战争，但在他的笔下还是可以看到路易十四的君王典范，以及王朝良将辈出的英雄图景。

与当时的英国相比，法国经济总量达 1.2 亿英镑，是英国的

> 法国国王路易十四

两倍以上；人口近2000万，是英国的两倍多；英国陆军人数长期不超过10万，根本不能与法国相提并论，“太阳王”最多有40万人；英国皇家海军因为与荷兰的三场战争，损失较多，主力舰仅存104艘，法国在海军国务大臣科尔伯（1619—1683年）主政时期大力发展海军，他死后法国主力舰已达到120艘。在支撑战争的财政实力上，法国看起来也比英国强。1688年后的100年中，法国每年的国库总收入始终比英国多出50%以上。甚至英国人引以为傲的发行长期国债支持对外战争，也是法国人更早采用的。

法国如此强盛，但为何这种霸权却没有持续多长时间？经过西班牙王位继承战争（1701—1713年）和七年战争（1756—1763年），英国成了胜利者。究其原因，法国败于停不下来的扩张，简言之是没钱打仗了。相反，英国人在战争中展现了超强的融资能力，让战争得以持续并带来丰厚的政治经济利益回报。

“光荣革命”后，英国逐渐确立了君主立宪制度，议会掌握了原来由国王控制的主要权力，尤其是主要用于战争支出的财政税收和国家借债。16世纪一场战争的费用是几百万英镑，17世纪末上升到数千万英镑。连绵不绝的高消耗战争，对英法两国的财政来说都是严峻的考验，仅靠国内税收远远不能满足战争开销。1688年英国军事开销在300万英镑左右，略超当年的财政收入，此后在战争时期英国军事支出就很少低于而一般是远超国家税收，不大规模举债根本打不起战争。1695年英国债务总额为840万英镑，是政府收入的2倍，到1790年，国债总额攀升至2.44亿英镑，是当年政府收入的15倍。英国债务不但庞大得惊人，而且比政府收入增长得快得多，却能在没有损害经济发展的情况下支撑战争，一个重要的原因是英国可以长期低成本融资。

1689年伦敦股票市场建立，1694年英格兰银行建立，对英国投资制度、国债发展和完善的意义重大。英国银行以现代私人金融公共债务系统为基础，犹太人作为政府债券的经纪人，尤其擅长将政府的短期债券卖给小户，由此将英国对外战争的短期债务转化为长期债务。而伦敦交易所逐渐成为国外资本家和普通英国市民的主要投资平台和手段，各类投资者争相投资英国海上扩张、工业和商业发展或者长期的政府债务，以此来资助国家对外战争。

早于荷属东印度公司2年，英国人于1600年建立了英属东印度公司，将战争与发财演绎得淋漓尽致。这个公司是世界近代史研究中的一个庞然大物，在1600—1858年近260年的存续期间，对印度进行了疯狂掠夺，通过战争与屠杀建立起一个庞大的英印帝国。同时，通过分门别类、异常残酷的搜刮系统把印度的财富转移到英国。

在英格兰银行的示范引领下，东印度公司也积极向政府提供长期或永久贷款，长期国债的比重持续提高，利率则逐渐走低。

1696年，英国长期国债为120万英镑，占国债总额的10.3%；1748年，长期国债增至6870万英镑，占总额的90.2%；到七年战争结束后的1764年，英国国债已经彻底长期化了，短期国债仅占总额的3.7%，利率也下降至3%—4%。这个利率远低于欧洲其他国家，只有法国国债利息的一半。

长期国债解决了英国的战争费用问题，保障了对法国及其盟国战争的胜利，获得更多殖民地和海外贸易上的好处，英国经济因之更加繁荣，从而进一步拓宽了未来战争的国债融资规模。此外，巨大的财政支出，尤其是英军对铁、木材、布匹和其他物品的长期大量需求，也形成一种反馈回路，有助于英国发展工业和促进技术上的一系列突破。1786年，英国历史上最年轻的首相小威廉·皮特在下院宣布："这个民族的生机乃至独立建立在国债基础之上。"

法国筹集战争经费的主要途径也是举债，通常只能以较高利率向金融家和其他中介机构短期借款，正常税收收入不足以偿付高额利息，结果法国财政赤字逐年攀升，政府信用则进一步降低。从中央银行、普通银行、发展纸币、银行票据、清算中心、保险机构和所得税征收等方面，法国都比英国晚一个世纪。路易十四死后，法国债台高筑，经济萧条，与英国几次战争失败的部分原因就在于政府信用崩溃引发财政危机甚至破产。

与英国相比，法国的地缘劣势也很明显。法国拥有漫长分割的海岸线（地中海和大西洋海岸线被西班牙分开），陆上也与很多国家为邻，如西班牙、德意志诸国、荷兰及哈布斯堡帝国。由于地缘因素和财力不足，法国不能同时拥有强大的海军和陆军，路易十四在位中后期，法国确定向欧洲大陆扩张的战略，重点建设陆军，海军舰队投入减少，通过民间私掠船打击英国贸易成为法国海上的重点战略。1689—1714 年间，英国海军经费占军事支出的 35%，同期法国还不足 10%。

奥格斯堡同盟战争（1689—1697 年）是英法“第二次百年战争”中的第一场大战。为让法国的东南邻国萨伏伊公国加入荷兰主导的奥格斯堡同盟，反法同盟提供大量资金补助，英国是最晚加入同盟的，但提供的补助金却占到 2/3。由于英国的参战与资助，法国的扩张势头受阻。

1701 年西班牙王位继承战争爆发，这次法国与西班牙联盟对抗的是以英国、荷兰和奥地利为核心的反法大联盟。1707 年，苏格兰和英格兰签订了《联合法案》，创建了名为大不列颠的新国家。到 1714 年战争结束时，法国已经很难为战争融资，政府债务总额骤增 7 倍，实际上已财政破产。英国国债虽在增长，却能从容应对。

英国是西班牙王位继承战的最大受益者，路易十四扩张疆土的野心最终被遏制，国力大衰。1714 年以后，英法之间维持了 30 年和平。1740 年，奥地利王位继承战争爆发。1744 年，英国与荷兰对法国宣战。这次战争中，英法主要在海外争夺殖民地和制海权。战后法国的殖民地虽寸土未失，但法国和西班牙联合舰队被英国海军打败，地中海成了英国的内湖，法国海军元气大伤。1747 年，英国有战列舰 136 艘，法国和西班牙分别有 31 艘、22 艘。

七年战争（1756—1763 年）爆发后，欧洲列强均卷入其中，战场分布于欧洲、美洲、亚洲和非洲。这次英国实力强的盟友不多，主要是崛起不久的普鲁士、汉诺威和葡萄牙，对手是以法国、奥地利和俄罗斯为核心的阵营。截至 1761 年，英国共向盟国资助了 900 万—1000 万英镑，其中每年给普鲁士 67 万英镑。战后，法国又破产了，英国再次成为战争大赢家，法国被迫将整个加拿大割让给英国，并从印度撤出。七年战争后，英国自恃国力强盛，然而不过十几年就吃了大亏，霸权地位遭遇严重挑战。

法国大革命爆发及拿破仑战争使法国国力空前强大，并形成由革命意识形态塑造的总体性对外战争目标，拿破仑凭借大革命的政治动员和军事创新，征服和控制了除英国外的几乎整个欧洲。

拿破仑开启的是新型战争的变革，真正震醒欧洲则是在 1805 年，拿破仑统帅 18 万大军从英吉利海峡东岸直奔多瑙河上游，先在乌尔姆歼灭数万奥军，旋即在奥斯特里茨摧毁数万普俄联军，短短 2 个月内看似得势的第三次反法同盟土崩瓦解，法国取得中欧霸权。在上述戏剧性的事态当中，所用兵力之巨大前所未有，而法军作战速度之迅捷、战役范围之广阔和战略原则之新颖更是闻所未闻。克劳塞维茨评价拿破仑是“革命的皇帝”。至于先前长久制约军队规模的战场给养问题，法国同样以一种革命性的方式予以解决，那就是自战争于1793年打到法国境外之后，实行就地征收和劫掠为内容的以战养战，或用拿破仑的话说，懂得如何从所占领的国家取得各种供应，构成“战争艺术”的很大一部分。

法国追求国家权势的无限扩张，正如历史学家索雷尔所说：是将“国防、宣传、霸权、法国的光荣伟大和人类的幸福快乐统统合为一体的一个征服大图谋”，最终导致拿破仑帝国崩溃。这样的战争目的加上全国总动员提供的巨大军事能量，导致空前的残酷和毁灭：法国仅在拿破仑战争期间就有近150万军人丧命，与其所有敌国死亡的军人加起来竟然同样多；如果将平民计入，那么在1790—1795年间出生的法国男子当中，20%以上在1816年以前死于同战争有关的各种原因。

游离于欧洲大陆之外的英国，前后参与、组织了7次反法同盟。拿破仑战争结束后，英国在列强中间异常突出的优势地位维持了大半个世纪。除地理位置上在地缘政治、经济和战略意义方面相比欧陆国家而言得天独厚外，英国的突出优势还来自其海军霸权和对世界主要航道的控制；战争刺激的工业革命使英国在生产技术、运输能力和工商业总量方面遥遥领先；反拿破仑战争及其胜利给英国带来在欧陆的巨大政治影响和外交优势。到了英国维多利亚女王统治时期（1837—1901 年），大英帝国走向世界之巅，几乎拥有世界船舶总吨数的 1/3，“勇士”号战舰是 240 艘战舰的一员，成了英国“维多利亚中期力量最好的表达方式”；拥有全世界 2% 的人口，但拥有的领土达到 3600 万平方公里；拥有的工厂数量相当于全世界总和的 40%—50%；最大时拥有全世界 2/5 的制造业生产总量，形成 19 世纪被称为“不列颠治下的和平”的时期。

拿破仑在征俄惨败时感叹过：“从伟大崇高到荒谬可笑，其间只相差一步。”他人生最后 6 年（1815—1821 年）被流放在圣赫勒拿岛上，拿破仑在此反思并总结自己一生时说过，“40 次战争的胜利算不了什么……滑铁卢战役足以抹杀所有的胜利”，“世间有两种武器：利剑和精神，从长远看，精神必将打败利剑”。

路易十四的法国与伊丽莎白一世的英国差不多同时兴起，但是道路各有曲折，英国走得更远。不过，法国在思想、文化、艺术方面的兴盛与辉煌成就在世界文明史上熠熠闪光。曾几何时，法语的影响力无与伦比。直到 20 世纪 50 年代，法语仍是国际活动中的主要语言，以后才逐渐被英语代替。

在 1850 年后的重大战争中，法国、俄国、奥地利哈布斯堡（后改称奥匈帝国）都成为战败者，英国的经济实力也渐渐走过高峰期。保罗·肯尼迪在《大国的兴衰》里指出：“1914 年的法国无疑比 1850 年的法国强大，但与强大得多的德国比较，法国就显得逊色了……与鼎盛时期（维多利亚时代中期）相比，英国现在拥有的财富要多得多，其军队有的武器的威力也大得多。但这些已毫无意义，因为它的产品产量已由占世界总产量的 25% 下降到约 3%。”

德、日：好战必败，衰而再起

欧洲自 17 世纪王权逐步加强、民族国家初步形成以来，各国大致分成两种类型：一类是追求海外殖民地扩张的海权国家，以英国、荷兰为代表；另一类是追求疆土扩张的大陆国家，以奥地利、普鲁士和俄罗斯为代表。法国大革命显示了民族团结的巨大力量，但法国的对外战争又侵犯了别国的独立自主。这两方面同时激发了以普鲁士为主体的德意志维护民族独立、反对异族入侵的情绪。

1813 年 10 月，在民族主义激励下的反法联军打赢了莱比锡战役。这是整个拿破仑战争中规模最大的一次战役，史称“民族大战”，它和战争最后阶段的其他战役和战斗一起，在德意志被统称为“解放战争”。著名历史学家利奥波德·冯·兰克（1795—1886 年）认为，法国大革命爆发以前 100 年的主要事态是列强在反霸斗争中的崛起，而那以后的主要事态是各民族的觉醒、复兴和新生，以及连同国家而来的民族化或民族国家化。到19世纪中叶，德意志仍然是个邦国林立的国家，四分五裂的局面越来越成为德国资本主义经济发展的障碍，统一的呼声越来越高。

“铁血宰相”奥托·冯·俾斯麦（1815—1898年）1862年如愿成为普鲁士王国的首相，他踌躇满志地在议会宣布：“当代的重大问题并非通过演说和多数派决议就能解决的，而是要用铁和血来解决。”在国王威廉一世（1797—1888年）的支持下，俾斯麦打响了战争“三部曲”：1864年普丹（麦）战争、1866年普奥战争、1870—1871年普法战争。普鲁士赢了所有三场战争，成功统一了多个德意志邦国，整个德意志只接受普鲁士的君主统治。1871年1月18日，包括普鲁士在内的22个邦国和3个自由城市宣布成立德意志帝国，威廉一世加冕帝国皇帝。由这个时间开始，所有德意志邦国被统一称为“德国”。这里需要注意加冕的地点安排，威廉一世是跑到法国的凡尔赛宫加冕的。之前普鲁士退兵的条件还包括法国3年内赔款50亿法郎。法、德的仇恨就此结下，40多年后的一战将会见证法国的复仇。

无论是统一战争，还是其后的第一次世界大战，德意志的民族主义无疑是卷入战争的一个重要动因。德国人将国家、族群、人民和德国文化置于至高无上的地位。由于工业建立在科学技术最新成就的基础之上，统一后的德国经济实力迅速膨胀。1900

年，德国在工业生产中已经跃居世界第二位，军事实力也因此得以无限度地发展。虽然德国在经济和军事方面的成就令世人瞩目，然而作为一个后起的帝国主义国家，它在国际舞台特别是在瓜分世界和争夺霸权的斗争中所处的地位，却显得与其实力有些不相称。这当然是久受民族积弱之苦、如今突然爆发的德国人所不能容忍的。于是，积压已久的德意志民族主义能量开始“向外喷射”。

到一战前夕，德国的许多部门已在世界贸易中占据主导地位。在造船、纺织、化学、电气、冶金、机器制造等工业领域，德国都已具备世界领先优势。在1900—1913年的14年中，德国的生铁产量增加1倍多，钢产量几乎提高1.5倍，比英国多60%—70%。德国的对外贸易额也逐年增加，1914年高达5000万美元。在1913年的国际贸易销售量中，德国更是跃居世界第二位，占12.6%，仅次于英国的17.3%。凭借自身强大的经济实力，德国人急急忙忙踏上了征服和“开化”世界的道路。

对英国等老牌殖民国家来说，德国要求依据实力重新瓜分世界的主张自然是不能接受的。最后，双方只能通过疯狂的军备竞赛和战场较量来解决问题。普法战争结束到第一次世界大战爆发期间，武器技术的革新越来越紧密地同列强的军备竞赛交织在一起，并由此获得动力。这类竞赛在20世纪之交具有了先前难以比拟的规模和烈度，而其中最重要、最突出的是集中表现为巨型战舰建造狂潮的列强海军竞赛。英、德两国是这场“历史闹剧”的主角。德国出于对英国优势的忿忿不平和争当“世界强国”的勃勃雄心，从1898年开始大造主力舰。8年后英国“无畏”级战舰的问世虽然一时打乱了这一造舰计划，但丝毫未动摇德国人的赶超决心。德皇威廉二世（1859—1941年）当时的一番表述颇能说明问题：“我在位的所有这些年里，欧洲各国君主把我不得不说的话当作耳边风。不久，有我的强大海军来支持我的言辞，他们就会比较恭敬。”威廉二世与俾斯麦一直冲突不合，对他晚年拉法防俄的建言置之不理。

值得一提的是，就在俾斯麦去世的前2年，在中日甲午战争惨败并与日本签订《马关条约》后，进行环球考察的李鸿章于1896年6月25日专门拜访了俾斯麦。交谈中，李鸿章问俾斯麦：“欲复兴中国，何道善之？”俾斯麦答以“先练五万精兵”。人们往往只记住了俾斯麦“铁血”的一面，而忽视了这位“外科医生”在战争之后“止血”和“封刀”的另一面。俾斯麦最后的政治遗言转向了韬光养晦和小心谨慎的外交政策，包括他告诫德国人“我们的利益就是保护和平”，“要尽可能地防止战争或限制战争的范围”。不过，这些告诫在当时没有起到任何作用。

军备竞赛形成一种恶性循环。到一战爆发时，德国已拥有22艘“无畏”级战舰，英国拥有的“无畏”级战舰已达30艘。此外，美、日、法、意、俄五国也在建造自己的“无畏”级战舰，

> 1895年4月17日签订《马关条约》

其中美国的计划规模最大，到 1914 年已授权建造 13 艘。民族主义情绪不断高涨，军备竞赛愈演愈烈，战争爆发只是时间的问题。

2018 年是第一次世界大战结束 100 周年。关于这场战争的起因和目的究竟为何、是欧战还是世界大战、责任谁大谁小、战争是不是可以避免？至今依然众说纷纭，莫衷一是。一场以战壕、带刺铁丝网、机关枪和大炮为特色的可怕战争，是以牺牲一代欧洲青年的数千万生命为代价的。化学物质和毒气在大多数军事前线部署和使用；重型火炮和飞机对敌军城镇的轰炸；无节制的德国 U 型潜艇战；英国对德国港口的海上封锁导致数十万德国平民遭受饥饿和疾病的折磨；德国和奥地利战俘的死亡率几乎是 20%，意大利战俘的死亡率为 20%，罗马尼亚战俘的死亡率近 29%；1915 年对亚美尼亚人的驱逐和大规模屠杀……不容置疑的是，这场战争毫无正义可言，交战双方都负有战争罪责。战争不仅摧残人类生命，还摧毁了德国、奥匈、奥斯曼和俄国四个欧洲帝国，导致欧洲十几个新国家的诞生，给整个世界带来决定性的长期影响。即便是欧洲的战胜国法国和英国也遭到削弱，加速了各自的衰落。

一战及 1919 年 6 月 28 日签订的《凡尔赛和约》也为 20 年后的第二次世界大战埋下了一个“祸根”。德国因失去领土、给付巨额赔偿、承担全部罪责等而充满怨恨。1919 年德国政府发表的《关于战争发动者责任的白皮书》宣称德国是“为了自卫而战斗”，为“民族生存”而战。1924 年 8 月 2 日德国政府发行明信片，宣称“10 年前人民走向了令人难忘的团结并给予为自由和保卫祖国而战斗的军队以力量”。同一天，时任魏玛共和国总统的社会民主党领袖艾伯特发表演讲，声称：“德国的战士不是为侵略性战争而战斗，而是为防御性战争而战斗。”

战胜国对德国的“掠夺性惩戒”不仅没有使德国人警醒，反而使德国人认为是对他们民族的压迫、领土的剥夺和人民的掠夺，自己是最大的受害者，进而激发了德国人的民族复仇心理。德国把兴登堡、鲁登道夫等战犯奉为为祖国而战的“民族英雄”，抵制对他们的审判。面对战胜国要求审判战犯的压力，德国采取拖延、敷衍和讨价还价战术，最终使战犯审判问题不了了之。战犯不仅

< 二战诺曼底登陆

被保护起来，而且仍活跃于德国的政治、军事和经济等领域。

对德国而言，第一次世界大战似乎成了第二次世界大战这场灾难的序曲。在民族复仇主义及之后纳粹法西斯主义的引导下，德国利用英法矛盾、英法美反共反苏心理和纵容政策，竭力摆脱战败国地位，谋求政治军事大国地位。1939年，德国又一次走上战争与毁灭之路。

日本自丰臣秀吉（1537—1598年）1592年征伐朝鲜起就从未停止过扩张幻想。19世纪末至二战结束，日本在东亚地区发动了数次大规模对外战争，其对外战争之间明显存在固有的内在连续性。

1868年1月15日，明治天皇宣布了他的“发扬国威”意旨：“宜大力充实军备，光耀国威于海外万国，以应答祖宗先帝之神灵！”3月14日，明治天皇再度发表了他的“海外雄飞”大略：“朕与百官诸侯相誓，意欲继承列祖伟业，不问一身艰难，亲营四方，安抚汝等亿兆，开拓万里波涛，布国威于四方！”

在日本从一个闭关锁国的传统封建国家转变成一个积极扩张的战争发动国家的过程中，日本著名思想家们起到不可忽视的推动作用，并对后世日本的外交政策产生了深远的影响。“明治维新三杰”的西乡隆盛（1828—1877年）以“国权论”和“亚洲主义”先觉者的名义受到追捧；木户孝允（1833—1877年）积极倡导“征韩论”；大久保利通（1830—1878年）在1874年日本出兵台湾后亲赴北京与总理衙门进行7次谈判。双方在英国调停下和解，日本承认中国对台湾全岛的领属权，中国则不否认日本出兵的“合理性”并赔款白银50万两。这场让清政府无奈妥协的谈判为日本吞琉球、攻朝鲜、占台湾埋下了祸根。

而被誉为“启蒙思想家”的福泽谕吉（1835—1901年）毫不掩饰地说：“能唤起举国人心且使全员感动者，莫便于对外征战。”1890年12月，时任日本首相的山县有朋（1838—1922年）发表了著名的《外交政略论》，他在文中提到：“盖国家独立自卫之道有二：一曰守卫主权线，不容他人侵犯；二曰保护利益线，不失自己的有利形势。”山县有朋认为，“大凡国家不得主权线及利益线则无以为国”，因此“我邦利益线之焦点实在朝鲜”。山县有朋的这一“主权利益线论”的提出，标志着“大陆政策”的逐渐完善，日本已经将扩张主权的目标瞄准了当时的朝鲜和中国。

单一民族在对外扩张中更具侵略性，这点在日本表现得更加明显。伊藤博文（1841—1909年）曾说过，“日本帝国的优势就在于一举起民族主义的旗帜，便能举国一致”。而让日本跃居东亚舞台中心的历史性事件莫过于中日甲午战争（1894—1895年）和日俄战争（1904—1905年）。日本这两次对外军事行动不仅打败了亚洲第一大国，也打败了世界第一领土大国，因此在日本人的历史记忆中，这无疑已凝结成“大和民族”前所未有的“光荣”。

日本对外侵略战争膨胀于昭和时代（1926—1989 年）前期，并最终走上军国主义的黑暗道路，先后发动了侵华战争和太平洋战争，不仅对亚洲许多国家造成深重伤害，也给日本引来毁灭性灾难。日本的帝国美梦还未成事就败了，战后至今已经 75 年，日本在政治、军事和法律层面仍不被国际社会认为是一个正常国家。

20 世纪上半叶发生了人类历史上规模巨大、空前惨烈的两次世界大战。这两场战争都是大规模的工业化战争，均历经过度的、失控的暴力、死亡和破坏。它们不仅展现了包括新技术和强大武器在内的军事方法和战争手段的发展，也表明战争向人类生活各个领域的全面扩张，对后世影响深远。

两次世界大战，德国连战连败，日本先胜后败，但两国对战争反思的态度、高度明显不一样。日本裕仁天皇在 1945 年 8 月的“终战诏书”中并未明确过“投降”或“战败”；同时重申，当初发动战争，是为了日本的“自存”和东亚的“安宁”；吩咐他的臣民要“忍所不能忍，受所不能受”。天皇的这种态度是日本不能对战争责任进行反思的一个重要原因。战后，日本呈现出反战但不反思的现象，政界、学界一些人总想通过对战争进行个案和碎片化处理，来模糊、遮盖中日、东亚和太平洋战争的真正原因，至今仍顽固坚持要给日本对外战争赋予“正义性”。反观作为两次世界大战的发动者和失败者的德国，迄今一直在对二战进行深刻和彻底的反思，并赢得国际社会的认可和尊重。1970

年 12 月，联邦德国总理勃兰特在华沙犹太人纪念碑前的“千年一跪”，被誉为“欧洲约一千年来最强烈的谢罪表现”，这是德国反思二战的绝佳典例。

德、日法西斯主义以竭尽本国人力、物力，剥夺本国和他国人民基本权利为代价，穷兵黩武进行侵略战争，尽管它们船坚炮利，但只可能得逞一时，最终必一败涂地。20 世纪下半叶，原本被战争打回“原形”的德国和日本又快速复活兴起。两个走邪路的军事大国战败后又能在经济上重新崛起，从“霸业”角度看是“衰落”，但退居本土“降为”西方发达国家，终归顺应了历史潮流，正可谓“大国消长如月之盈亏，不变的是人间正道”！

俄、美：好战必亡，忘战必危

第二次世界大战是世界霸主转换的分水岭，战后美国取代英国，成为西方龙头老大。欧洲是二战主要战场，战后英国负债累累，“日不落帝国”分崩离析。美国由于国土没有受到战争影响，加之战争带来大量军工用品出口发了大财，并吸纳了大量德国犹太人的人才和资金，战后崛起为西方世界的霸主。而横跨欧亚两大洲的苏联也成为二战大赢家，在战后与美国分庭抗礼，开启了两极时代，与美国进行了全球性争夺，最为突出的是军备竞赛，最终耗尽国力。

每一次国家间战争都推动了国际社会的构建与发展。征服、掠夺他国的战争行为即便得逞一时，也难持久，最终必败；正义和合法性战争最终必胜，也开启了新型大国崛起的机会。特别是那些物质性成长条件较好，同时也是社会进步性成长的国家，才能成为大国兴衰中崭露头角的弄潮儿，成为国际关系上具有世界影响和历史影响的民族国家。

从1618年“三十年战争”开始，至1815年滑铁卢会战结束反法联军取得决定性胜利，俄国的崛起过程大致经历了200年，此间俄国发动了约27场较有影响的对外战争。号称俄国“崛起之父”的彼得大帝（1672—1725年）发动“北方大战”，多次与瑞典战斗，终获波罗的海出海口。叶卡捷琳娜二世（1729—1796年）在位时，对外扩张领土再一次成为国家发展重心，通过两次对奥斯曼土耳其战争，俄国获得奋斗半个世纪的南方黑海出海口。叶卡捷琳娜二世用武力吞并、扩张了俄国疆域，因此也被称为“大帝”，她还曾放豪言：“如果我能活到200岁，全欧洲都将匍匐在我的脚下。”

俄国对外战争有着明显的区别性，它在对欧洲国家进行战争时，往往参加多边战争，或者以有关的国际法为借口进行战争；而对亚洲国家的战争，则丝毫不讲道义，演绎了赤裸裸的强盗逻辑。整个19世纪，俄国参与了5场较大规模的战争，包括前期参加反法联军对拿破仑作战，中期是与土耳其、英国、法国等联军进行克里米亚战争（1853—1856年，又称“东方战争”）。此战被称为世界史上第一次现代化战争，新式线膛步枪、蒸气动力战舰、铁路、有线电报等新发明在战争中扮演了重要角色。人们开始认识到，技术已成为决定战争胜负的一个重要因素。克里米亚战争是俄国在第一次世界大战前遭受的大挫败之一。列宁曾指出：“克里米亚战争显示出农奴制俄国的腐败和无能。”另一次重大失败是1904—1905年的日俄战争，它与之后爆发的第一次世界大战共同激化了俄国的社会矛盾。1917年3月，二月革命爆发，沙皇下台，沙俄帝国解体；紧接着十月革命爆发，世界上第一个社会主义国家建立。自此，传统意义上的帝国主义战争开始退出历史舞台。

美国从国家独立至二战结束，共参与或发动过8场战争：1775—1783年反抗英国殖民者的独立战争、1846年美墨战争、1898年美西战争、1899年镇压菲律宾人民起义、1900年参加侵略中国的八国联军战争、1917年参加第一次世界大战、1941年9月对德国不宣而战、1941年12月参加太平洋战争。相较于法、英、俄等大国，美国对外战争的次数较少，并在世界反法西斯战争中发挥了主导作用，是一个类似“和平崛起”或从英国霸权到美国霸权“安全过渡”的大国。

两次世界大战给人类带来的巨大灾难促使人类反思未来，和平发展渐成主流，特别是法西斯主义在世界范围内遭到毁灭性打击、社会主义国家纷纷建立以及许多殖民地国家相继独立，为人类和平发展奠定了前所未有的强大基础。正是在这样的背景下，二战后旋即对抗的美、苏两大阵营及军事集团，为建立一个什么样和由谁主导的世界秩序始终没有直接以战争形式摊牌，而是展开了一场历时44年的冷战（1947—1991年）。在这段时期，虽然分歧和冲突激烈，有时甚至极度危险，各类较大规模、较有影响的战争亦不下十余次，但双方都在尽力避免世界范围的大规模战争爆发，对抗通常通过局部代理人战争，科技和军备竞赛，太空竞赛，外交、政治和经济竞争等"冷"方式进行，即两国兵戎不相见地相互遏制。

1988年初，美国前总统尼克松针对当时的苏共中央总书记戈尔巴乔夫撰写的《改革与新思维》出版了《1999年：不战而胜》一书。尼克松断言："如果我们学会将遏制、竞争和谈判三者相结合，我们将在1999年之后有能力取得真正的和平。"1991年12月25日，戈尔巴乔夫宣布苏联解体。尼克松预订的时间表被戈尔巴乔夫大大提前了，"不战而胜"的美国仿佛一夜之间拥有了在全球各个方面的主导性和支配性，无可争辩地成为世界唯一的超级大国。然而，美国因"历史终结"而欢呼膨胀并没有多久，便唯我独尊，四处插手，滥用军力，结果出现重大战略失误，国力相对走弱。

纵观西方500年的争霸史，葡萄牙、荷兰和西班牙帝国的辉煌早已湮没无闻，奥匈帝国土崩瓦解，德、日轴心国仅昙花一现地崛起并可耻地失败，大英帝国和法兰西也只能交出宝座，成为中等强国。曾经不可一世的大国又有多少世人记得？在《大国的兴衰》成书的1987年，当时被视为“五大中心”的是美国、苏联、欧盟、日本和中国。谁曾料到30年后就换了新局：俄罗斯卷土重来；日本迷失20年；欧盟仍未能团结一致，反而离心力增大；暂时处于劣势的印度存在感不断增强；中国正迎头赶来，蒸蒸日上。没有哪一个超级强国是可以永远屹立不倒的，人们已经开始谈论美国的衰落了，其中关键也是终极的问题是：经济走下坡、军力仍一流的美国的霸主地位会持续多久？

因战而兴难，因战而衰易。战争与国家兴衰背后的逻辑不仅是看战争本身，关键是看战争背后的逻辑是什么。历史上的中国一个大一统环境，国家在这种环境下扩张的代价和成本很高，而且战争会破坏和反噬这种格局，比如为了扩张领土、争夺正统和荣誉而战，但更多时候是一种消耗式的战争。因此，国家在此环境中的最高利益就是不发生战争。中国在秦朝之后2000多年间仅仅发生数十次王朝更迭，与同时期世界其他文明体相比，社会属于一个相对稳定的状态。

西方有一种说法：战争是人类最好的法庭。只有当所有方式全部失效后，才诉诸战争。既然大家都知道给国家带来巨大利益的战争很少，但战争又难以避免，西方国家干脆把战争和商业密切结合，将其视为一场生意，期待战争带来财富。罗马通过扩张来掠夺财富，进而从一个小城邦变成罗马帝国。英国人素来对战争精心计算，并在战争、军费、贷款和打赢之间形成一个良性循环。事实上，多数情况下英国的对外战争都带来了较大收益。比如英国趁拿破仑在欧洲大陆征战之机，在印度洋大举扩张且大获其利。此外，与统一战争、领土和商业扩张、以宗教为目标的战争不一样，西方国家在争霸过程中如能通过战争手段来摧毁旧霸权、实现大国崛起，则是战争带来的最大红利。有学者评论指出，一部欧洲史就是战争、战争和战争！

参加过克里米亚战争的列夫·托尔斯泰（1828—1910 年）在其代表作《战争与和平》中，以 19 世纪初法俄战争为背景，交叉描写了“战争”与“和平”两种生活，并在表达对战争不满的同时，赞扬了俄国人民在卫国战争中表现出来的爱国热情和英雄主义。后来因反战无法阻止战争的发生，托尔斯泰极度痛苦。他一再质问：“为什么要打波罗底诺战役（拿破仑征俄战争中最大的一次战役，1812 年 9 月 7 日双方鏖战一天就死伤 10 万人。一周后，法军在无抵抗情况下进驻莫斯科）？”在他看来，不论是对法国人还是俄国人，这次战役根本是毫无意义的。从世界发展潮流来看，在市场经济的作用下，越来越多的国家和文化逐渐融汇到人类命运共同体中来。不能说传统的大规模战争模式完全不会

< 1854年9月14日，法国军队在克里米亚登陆

出现，但文明力量替代历史上的野蛮传统将成为主流。

今天，世界霸权的本质已经发生很大变化。美国如何看待中国的崛起？是继续大规模动用军事力量消除异己，在过往帝国的旧途上越行越远，还是继续宽容而非狭隘、增大黏性而非排斥、合作共赢而非独占，并以革新、负责任的方式审视自身力量与领导地位，事关世界走向和人类命运。

今天，大国兴衰的本质也发生了很大变化。中国如何看待美国的衰落？中国与西方安全观因双方的文明、生存和发展逻辑不同而不同。中国的崛起目标不是要对谁取而代之，崛起之路需要的是清醒剂而非兴奋剂，崛起路径是不战而兴。我们所处的时代和以前已经不同，对于大多数国家和地区来说，相互合作明显要好于相互掠夺。历史教训殷鉴不远，战争不应再成为解决两国关系、地区问题、全球利益和矛盾的手段。过去西方国家惯用的“跑马圈地”和“炮舰外交”越来越受到国际机制、国际规范和国际舆论的束缚，而新兴大国不仅越来越难以通过战争实现大国崛起或是重新崛起，甚至可能因战未起先落。

古希腊学者修昔底德在《伯罗奔尼撒战争史》一书中指出，崛起大国必然会挑战守成大国，守成大国也必然遏制崛起大国，双方终将以战争手段解决问题。那么，中国能够不战而兴吗？中国实际处在复兴道路上70余载，答案不言而喻。然而，复兴是一个长时段的进程，这个进程会不会被打断？

如何避免“修昔底德陷阱”，尤其是中美战略竞争甚至冲突，仍然是中国面临的最为严峻、最为紧迫的挑战。习近平总书记指出，中美都应该努力避免陷入这个“陷阱”，强国只能追求霸权的主张不适用于中国。中国现在以和平发展为主题，谋求整个社会的发展，不希望将巨资投入军备竞赛。

没有哪个国家比中国对战争理解得更深刻。2500多年前，中国著名军事家孙子说：“兵者，国之大事，死生之地，存亡之道，不可不察也。”战争是政治的继续，这是马克思主义战争理论的一个基本观点。习近平主席在军队一次重要会议上谈到关于战争的指导思想时强调："筹划和指导战争，必须深刻认识战争的政治属性，坚持军事服从政治、战略服从政略，从政治高度思考战争问题。"

战争是一把"双刃剑"，如何用好这把"双刃剑"，考验大国的智慧和定力。和过去相比，我们所处的时代在某些方面并没有发生改变，比如强盗逻辑的枪口仍然会指着每一个国家、每一个人。中国自古就奉行"不战而屈人之兵"的战略，就是主张以强大的军事实力做后盾，通过"伐谋""伐交"的斗争，力求以全胜的计谋赢得胜利。历史已经证明，强大的军队是世界大国立国之所需、强国之利器。

克劳塞维茨也曾谈及"不战"的问题，认为必须始终注视着敌人，以免敌人一旦操起利剑，自己却只能用装饰的佩剑去应战。他还说道："如果说流血的屠杀是残酷可怕的，那么这只能使我们更加严肃地对待战争。而不应该使我们出于人道让佩剑逐渐变钝，以致最后有人用利剑把我们的手臂砍掉。"可见，克劳塞维茨并不反对不战而胜的思想，他所说的"不战"是以"能战"为前提的。铸"剑"为"犁"是美好的梦想，以战止战才是现今最现实的考量。好战必败，忘战必危。强大的军事力量保证了无论现在的局势看起来多么紧张，一国也不会滑向失控的深渊。

虽然世界大战爆发的可能性降低，但战争的阴影并没有远离人们而去，各种花样翻新的新型战争、局部战争正严重影响和威胁国家安全和人类和平宁静的生活。冷战结束后，美国已经打了4场大规模局部战争，俄罗斯4次对外用兵，双方使用军事手段的频率已经远远超出冷战时期。21世纪以来，美国、俄罗斯、英国、法国等国军队参与了伊拉克战争、阿富汗战争、利比亚战争、叙利亚战争等冲突，执行任务的级别与频率都要高于中国军队。

一个强大的国家必定有一支能够维护国家主权、安全、发展利益的强大军队，没有强大的军队便不能成为强大的国家。习近平总书记关于总体国家安全观的论述表明，应保持国家经济发展和维护国家安全之间的平衡，实现安全与发展兼顾、富国和强军统一。中国民族复兴之路波澜壮阔，也暗流汹涌，必须打造一支为之保驾护航、能够遏制战争并适应未来战争的强大军队。

参 考 文 献

1 [英] 保罗·肯尼迪著，王保存等译：《大国的兴衰》，中信出版社 2013 年版。

2 [美] 罗伯特·吉尔平著，宋新宁等译：《世界政治中的战争与变革》，上海人民出版社 2019 年版。

3 [美] 安东尼·吉登斯著，胡宗泽等译：《民族—国家与暴力》，三联书店出版社 1998 年版。

4 [美] 杰弗里·帕克著，傅景川等译：《剑桥战争史》，吉林人民出版社 2001 年版。

5 [美] 许田波著，徐进译：《战争与国家形成：春秋战国与近代早期欧洲之比较》，上海人民出版社 2018 年版。

6 [美] 威廉·麦克尼尔著，倪大昕等译：《竞逐富强：西方军事的现代化历程》，学林出版社 1996 年版。

7 [日] 猪口邦子著，刘岳译：《战争与和平》，经济日报出版社 1991 年版。

8 [美] 威廉森·默里等编，时殷弘等译：《缔造战略：统治者、国家与战争》，世界知识出版社 2004 年版。

9 [美] 亚历山大·乔治等著，时殷弘等译：《武力与治国方略》，商务印书馆 2004 年版。

10 [德] 卡尔·克劳塞维茨著，时殷弘译：《战争论》，商务印书馆 2016 年版。

11 [美] 简·伯班克、弗里德里克·库珀著，柴彬译：《世界帝国史：权力与差异政治》，商务印书馆 2017 年版。

12 [美] 艾米·蔡著，刘海青、杨礼武译：《大国兴亡录》，新世界出版社 2013 年版。

13 [美] 罗纳德·芬德利、凯文·奥罗克著，华建光译：《强权与富足：第二个千年的贸易、战争和世界经济》，中信出版社 2012 年版。

14 郭树勇：《大国成长的逻辑：西方大国崛起的国际政治社会学分析》，北京大学出版社 2006 年版。
15 黄树东:《大国兴衰：全球化背景下的路线之争》，中国人民大学出版社 2012 年版。
16 资中筠:《坐观天下》，广西师范大学出版社 2011 年版。
17 陈显泗主编:《中外战争战役大辞典》，湖南出版社 1992 年版。
18 Brigadier Shelford Bidwell 等著，梁灵平等译:《世界战争合集：陆战、海战、空战》，台湾自然科学文化事业公司 1980 年版。

5

第五章

美国是怎样崛起的

今日之美国仍是世界头号强国，其地位并非凭空而来，而是找到了一条适合自身崛起的道路，既有天时、地利、人和的特殊时代背景，也含“自由灯塔”的精神指引，更赖三权分立的制度开创。其过程并不和平，也不似有人吹嘘的那样充满独立和公正，伴随着美国一步步走上世界之巅，“盛世光环”笼罩下的“美利坚奇迹”绝非看上去那么美丽。

1776年独立之时，美国还是一个偏居世界一隅的新生国家，到20世纪40年代最终成为超级大国，整个崛起是一个依靠北美大陆的优越地理条件，通过巧取豪夺、军事征服，直至成为富甲全球大国的过程；是一个宪法框架维持稳定，而国内秩序与制度又不断改革调整，以应对矛盾、化解危机、适应新现实的过程；是一个联邦政府与地方的权力关系不断博弈，国家逐步从形式到实质上实现整合调适的过程；是一个利用国际矛盾、冲突，从中渔利，壮大自己，把自己的主张强加于人的过程；是一个充分利用各种内外优势与机遇不断扩张，利益和触角延伸至全世界的过程。

以 19 世纪和 20 世纪之交为分水岭，美国的崛起之路可以大致划分成两个阶段。在第一阶段，美国在基本不受外界干扰也很少参与国际事务的情况下，完成了原始积累，拥有了广阔的疆域、众多的人口、可观的经济规模、强大的生产与技术能力，国家运行与治理体系虽仍有待进一步完善，但已相当成熟。在此阶段末期，美国已经具备作为一个世界大国所需要的各种物质与制度条件。进入第二阶段，美国不断冲破自我束缚，对世界的认识和对自身利益的判断持续拓展，扩张野心与行动与日俱增，并逐渐向世界舞台中心靠拢。在参与国际事务的过程中，美国逐渐形成自己完整的理念与主张，直至最终要构建一套自己设计的国际新秩序。在半个世纪左右的时间里，美国塑造世界的意志越来越强烈，能力越来越突出，步子也越迈越大，它在动荡起伏的国际局势中抓住重大机遇，最终超越几个世纪以来居世界舞台主要角色的诸多老牌列强，成为世界政治新的主导者。

美国崛起的过程，有着鲜明的个性色彩、特殊的时代背景和独有的有利条件，也有一定的偶然性。此外，美国的崛起又伴随着世界历史近几百年来资本主义发展的进程，受到资本扩张逻辑的驱动，其制度与模式代表着同时代最先进的水平，因而也有其必然性。强大的内在机理与动力、对于时机的准确把握和利用以及为了成功付出的不懈努力，最终铸就了美国的成功。

原始积累

马克思指出:“资本来到世间，从头到脚，每个毛孔都滴着血和肮脏的东西。”来自资本主义故乡的欧洲移民者们，秉承着对利益的无穷欲望和贪婪追求，在辽阔的北美大陆，以剑与火为笔，以无数印第安人、黑人及后来中国苦力的血泪为墨，为日后美利坚的辉煌勾勒了框架。

奠定“血色版图”。自然禀赋是国家运行与发展的基本条件，其中最突出的要素是地理与自然环境。同时，只有拥有规模足够大的人口，一个国家才能维持生产和其他各种活动，推动经济与社会的进步。在自然禀赋方面，美国可谓得天独厚。而外来移民的涌入和自身的不断再造，也让美国人口的增长总体上适应了国家前进的节奏。自然禀赋和人口方面的充分保障，曾经为美国提供了几乎毫无限制的巨大发展空间，其从小到大、从弱到强的历史演变过程正印证了这一点。

1492 年哥伦布船队完成了地理大发现，之后近 300 年的时间里，欧洲大陆的人们一批又一批远渡重洋到达北美大陆，由北往南、从海岸朝内陆不断迁移蔓延，在这块土地上落脚安家、从事生产、构建社会、繁衍生息，逐渐成为这里的新主人。到美国独立之时，沿着大西洋西岸自北向南，从加拿大南端到佛罗里达，殖民者占领了北美大陆东部的狭长地带。实际上，在殖民者不断开拓的同时，从18世纪下半叶开始，北美大陆的领土一直在不同宗主国的殖民者之间易手，老牌欧洲列强法国和西班牙出于不同的原因，以各种方式不断地将原本属于自己的土地转到以大英帝国为名的殖民者以及后来独立的美利坚合众国名下。

进入19世纪，新生的美国已经能作为一个正常国家运转起来，其对领土的欲望也显露无遗。在整整一个世纪，美国人攫取领土的脚步从未停歇，疆域持续向西向南扩展，从陆地延伸到海洋。为了不断获取土地，美国人或软硬兼施、或趁火打劫、或敲诈勒索、或武装占领、或阴谋煽动。自1803年从法国拿破仑手中买下路易斯安那开始，到1899年获得东萨摩亚群岛，美国版图基本固定，在短短一个世纪左右的时间里，美国用很小的代价将自己的国土面积拓展了数倍。横跨世界两大洋广袤富饶的领土，为美国成为世界大国提供了辽阔而适于生存发展的地理空间。

不断扩大的疆域要有人进驻定居才能形成实质上的占领，也才能获得不断的产出，持续整个19世纪的美国西进运动促成了这一点。对成千上万加入西进队伍的人来说，西部既是未开垦的荒凉之地，也蕴藏着难得一见的机会，意味着全新生活的开始。

但对于祖祖辈辈生活在北美大陆的印第安人来说，则意味着血腥的开始和噩梦的降临。美国白人口中“充满勇气和开拓精神”的西进运动对印第安人而言则是一场种族灭绝的“血腥之路”，“几乎每一批向西挺进的人流，都踩着印第安人的白骨和血迹行进”。

在早期殖民者到达北美大陆西部时，他们曾得到当地印第安人无私的帮助，印第安人因此被称为“高贵的红种人”。但随着美国西进运动开始及大批移民向西推进，白人和印第安人对于土地和资源的争夺日益激烈，印白关系“由原来的和平、友谊转化为敌意和冲突”。为使自己对印第安人的侵略、驱逐、屠杀具备“正义性”，白人移民开始为自己的行为寻找理论，开始普遍地把印第安人当成野蛮人，认为“他们拥有人的外形，……但他们现在的状况更接近魔鬼的特征”，是与文明社会格格不入的存在。门罗总统更是含蓄地宣称：“狩猎或野蛮状态需要很大范围内的土地加以维持，而这超出了文明生活的进步及正当权利的要求所能允许的限度，故必须服从于文明生活。”在整个西进过程中，美国政府为了掠夺印第安人的土地，“以暴力扩张作为主要手段，……终于使印第安人失去了全部土地，被美国统治集团戴上了沉重的锁链”。据一项统计表明，在哥伦布到达美洲之前，美国现今领土上起码有 500 万印第安人生活，而到了 19 世纪 90 年代，印第安人仅剩 25 万。因此，可以说，正是对印第安人肆无忌惮的掠夺和灭绝，为美国日后的崛起“挣得了第一桶金”。

< 1775年4月19日，美国独立战争爆发

在人口数量上，美国殖民地时期的人口增长速度就很快，独立后这种势头仍然不减，努力满足着国家扩张的需求。数据显示，从建国之初的1790年到内战爆发之前的1860年的70年间，美国的人口从390万人增加到3140万人，总量翻了三番。人口的强劲增长既归功于当时美国的高出生率，也与外来移民的持续大量涌入有关。在19世纪初，美国每年的人口出生率曾达到55‰，随后虽然逐渐下降，但到1860年时仍高达41.4‰。在移民方面，欧洲各国经济上的困难使得许多人生活难以为继，迫使他们逃离家园到新大陆寻求生计，带动起一波又一波的移民潮。数据显示，内战爆发之前的30年间，移民在美国人口增长中的占比持续提高，从第一个10年中的11.7%一直上升到后来的31.1%。虽然在巨大疆土面积的衬托之下，美国人口密度仍显得偏小，但人口总量已得到充分增加，这使美国在面对欧洲列强时有了更足的底气。从能获得的资料中选取1816年、1860年、1890年、1910年四个时间点，把美国与当时欧洲人口大国俄国相比较，可以看到二者人口总量分别为850万和5120万、3140万和7600万、6260万和11680万、9190万和15930万，比率从最初的16.6%逐渐提升到最后的57.7%。而到19世纪末20世纪初，美国的人口已经以较大幅度领先于除俄国以外的其他欧洲列强，成为世界上的一个人口大国。

经济发展。土地和人口的不断增加，为美国经济的发展提供了必要的条件。廉价的土地使美国从一开始就天然地成为农业大国，种植业和畜牧业是农业经济的主要形式。但不能否认的是，在美国早期农业经济的发展背后，是无数被当作牲口的黑奴夜以继日的劳作和罄竹难书的血泪。正是靠着残酷的剥削，美国南方的种植园得以迅速发展。随着领土的扩张，耕地面积也迅速增加，农业机械化得到发展，在 19 世纪下半叶，农业劳动生产率大幅提高。

在维持农业大国地位的同时，美国也跟上了世界经济与技术发展的脚步。在 19 世纪中后期，美国国内采矿业、钢铁业、石油工业、轻工业、交通运输与通信等领域都得到充分发展，工业化进程快速推进，完成了从农业经济向工业经济的转型。1890 年，美国工业制品的总值首次超过农产品的总值，工业在国民经济中占据了主导地位。在世界范围内，到 19 世纪最后 10 年，美国在多个主要工业指标上均已超过欧洲各大国而雄踞世界之首，成为世界上最强大的工业国家，同时也拥有了较为完整的工业体系。而在 20 世纪到来之前，美国国内已修建起以铁路交通网络为代表的全国性大型基础设施，为经济社会的快速发展提供了便利。在实现工业化的同时，美国国内城市化水平不断提高，城市人口在全国总人口中的占比持续增长，到 1920 年，城市人口已超过总人口的一半，标志着城市化的基本实现。

在 19 世纪最后二三十年美国快速发展过程中，科技应用起

> 托马斯·阿尔瓦·爱迪生在新泽西州西奥兰治的实验室

到关键性的作用。但鉴于自身积淀和发展的不足，在这段时间里，美国对欧洲的先进技术开展了大规模的模仿和借鉴，并在充分吸收利用的基础上进行发明与更新，最终实现了与欧洲技术的齐头并进甚至是“弯道超车”。例如在电力和通信领域，涌现出爱迪生等大发明家和贝尔电话公司、通用电气公司等著名的实验研究机构，他们的成果使美国在通信领域领先世界。在汽车制造业，杜里埃兄弟、亨利·福特等人都在技术上取得突破，推动了美国汽车工业的形成与发展。美国 19 世纪末期在科技领域的进步，大大提高了其工业技术水平，同时推动美国率先进入第二次技术革命的浪潮，确保了美国经济不仅在规模上，也在质量和发展潜力上都达到前所未有的新高度。值得指出的是，美国对技术和人才的争夺无所不用其极。被称为“美国工业革命之父”的塞缪尔·斯莱特就是一个鲜明的例子。他违反了英国的移民法律，假装成农夫进入美国，凭借超人的记忆力复现了英国纺织业最先进设备，为美国纺织技术超过英国立下了“汗马功劳”。18世纪90年代，英国发行的一本反移民宣传手册这样形容，“无数来自美国的职介代理人就像觅食的小鸟一样铺天盖地地徘徊在泰晤士河两岸，如饥似渴地搜寻我们的技术工人、机械师、农夫和工人，极力劝说他们移居美国”。

经过独立建国后一个多世纪的发展，到20世纪初，在土地、人口、经济规模以及工农业生产能力和技术能力这些主要指标上，美国已经占据了当时世界的领先地位，在物质实力方面迈入世界强国之列。

抓住“战略机遇期”。自建国开始直到20世纪初，美国长达100多年发展与扩张的原始积累过程几乎是在没有外部干扰的情况下持续推进的，很少需要为应对外部挑战而分神担忧。这一方面是因为欧陆列强忙于内部争夺无暇他顾，从而给美国发展壮大创造了“天赐之机”；另一方面也因为美国在外交上纵横捭阖，善用欧洲列强之间的矛盾在国际上趋利避害。在近代以来全球范围内都极其罕见、超长的“战略机遇期”内，美国一直拥有一个总体稳定、免受干扰的外部环境和一个不断优化、利于发展的内部环境，这为美国日后崛起为世界超级大国提供了条件。

从外部安全角度讲，美国因地理条件而独享优势。东西宽阔的海洋阻断了外敌入侵的通道，位于南北的墨西哥与加拿大两个弱邻也无法构成大的威胁，反倒是要忌惮来自持续扩张的美国的压力。美国在与英国的1812年战争中获胜巩固了独立战争的成果，缓和了国内的政治对立。除此之外，美国在相当长时间内几无外部威胁存在。

从国内角度看，伴随着前进与扩张的脚步，美国在实质性的统一与整合方面取得长足进步，国家治理体系不断完善改进，原本较为松散的联邦不断趋于紧密，整体性大大加强，使得国家能得到统一有序的提升而不是碎片化无序的发展。在这一百多年的过程中，年轻的合众国逐渐成长，形成成熟的政治体制和相当强的整体行动能力，拥有了一套基本适应时代生产力和社会进步要求的运行机制，让美国在体制机制上赶上了资本主义发展的步伐。

尤其是南北战争的结束，使得联邦得以维持并强化，各州不再有脱离联邦的自由选择。内战后的美国没有了国家分裂之虞，联邦政府的权力持续扩大，有力推进了国内制度上的统一，国家政治机器和社会秩序恢复正常运转并得到加强。战争结束后，美国国内统一的全国市场持续向纵深发展，金融体制一体化逐渐确立，劳动力和各种生产要素流动更加自由。可以说，内战的结果为19世纪后30年美国经济社会的快速发展提供了保障，美国有利于资本主义蓬勃生长的各种优越条件更充分地显现出来。

全国市场的迅速扩大催生垄断资本取代分散的自由资本，为在各个领域里实行全国性政策提供强大支持，推动美国的政治制度发生关键性变化。在19世纪最后二三十年里，联邦政府在国家政治生活中的核心地位得到确立并巩固，政府机构与功能都得到扩充。同时，行政部门权力明显上升，增设了许多机构，政府雇员人数大幅增加，以适应有效处理全国性问题的需求。联邦政府的加强，可以说是美国建国以来制度上最大的一次改革与调整，弱政府时代渐成历史，政府在全国范围内强有力的管理与协调正成为现实，美国由此真正走上一条国家整体强盛的道路。当然，在这个被马克·吐温称为“镀金时代”的历史阶段，美国经历着从自由资本主义向垄断资本主义的过渡，其间垄断资本空前发展，势力越来越大，与政治的结合越来越密切，滋生了严重的政治腐败，也引发各种社会矛盾。大财团在不同行业中掌控着国家命脉，中下层民众的生活面临许多困难，社会对立加剧，丑恶现象比比皆是。这些就要留待进步运动乃至更久之后的新政予以解决了。

对外扩张

直到 19 世纪末，美国在对外关系上总体比较收敛，远离世界政治中心，外交主要目的是保护自己免受欧洲干扰和伤害，具有明显的防御性。开国总统乔治·华盛顿在《告别演说》中有关不卷入欧洲事务的孤立主义外交思想，一直被奉为圭臬，指导着美国的外交实践。

紧邻的拉美地区是美国早期外交关注的重点。美国担心欧洲各国干涉拉美会让被大西洋隔开的距离化为乌有，使自己不得不在家门口抵御列强的威胁，因此表现得非常强硬。1823 年发表的"门罗宣言"在美国外交史上一直有着独特而重要的地位，其确定了美国外交中的一项基本原则，就是把欧洲的势力挡在美洲之外。在当时的环境下，这样的做法不乏进步意义，但也为后来美国将拉美视为自己的势力范围、肆意干涉拉美国家事务埋下伏笔。

东亚地区是美国尝试拓展海外利益的一块"试验田"，美国在这一地区长期的"经营"虽不高调但颇有特色与收获。其中，渗透中国从其建国时期就已开始，传教士们也很早就进入中国活动。在列强入侵和瓜分中国的过程中，美国努力争取获得平等机会。第一次鸦片战争之后，美国逼迫中国签署了不平等的《望厦条约》；第二次鸦片战争后又签署了《中美天津条约》与《中美通商章程》。此时的美国虽是跟在老牌西方列强后面分一杯羹，表面上显得“文质彬彬且气质迥异”，但对中国而言，其是同样的侵略者和掠夺者。在几乎同一时期，美国还打开了日本的大门，并最终染指朝鲜。

1898年爆发的美西战争是美国历史的重要转折点。美国以海军力量击败西班牙，第一次在海外战胜一个欧洲强国，接手了其在太平洋上的殖民地，这不仅预示着海上成为美国扩张的新重点，更标志着美国外交不再固守孤立主义传统，开始真正面向世界。

对外扩张是实力壮大后美国的必然选择，经济快速发展是其背后的直接推动力，而资本主义对利益无止境的渴望和追求则是其内生动力和本质属性。当时，美国巨大的工农业产能已导致许多产品在国内处于过剩状态，资本家们手中积累了大量资金而难觅投资之处，由此产生强烈的对外输出需求，必须不断开拓海外市场和投资场所进行消化。数据显示，19世纪60年代到20世纪初，美国对外贸易的增加使得经济的主要部门都不同程度依赖于国外市场。农产品当中，棉花收成的半数出口到海外，小麦的出口占小麦生产总收入的1/3左右。在石油工业中，2/3的精炼油销往国外。从1860年到1914年，美国商品出口总额增加了7倍。1893年经济危机爆发后，美国与欧洲国家对国际市场的争夺更趋激烈，扩大出口是保持美国国内繁荣与稳定的重要手段，也成为美国外交的重要任务。正如当时的国会议员阿尔伯特·贝弗里奇所说："今天我们种植着我们消费不完的粮食，制造着多于我们使用的产品。今天我们的工业社会是一个拥挤的社会；工人多于工作岗位；资本多于投资。……我们必须为我们的产品找到新的市场，为我们的资本找到新的投资场所，为劳工找到新的工作岗位。"

与此前一百多年情况大为不同的是，进入20世纪，扩张言辞已充斥于美国外交的主流话语中。在世纪初年担任总统的老罗斯福希望把美国推上国际舞台，并且靠自身的实力扮演重要角色。他认识到世界在政治和经济上的联系越来越密切，已经成为一个相互影响的整体，美国有必要在其中发挥重要作用，这不仅是美国作为"文明国家"对世界应尽的义务，也是为了保护美国自己的利益。在老罗斯福的领导下，美国的外交相当活跃。他乐于在日俄战争期间充当两国的调停者，又在后来的摩洛哥危机中调解德法之间的矛盾，并且积极倡议和参与了第二次海牙会议。这些既显示出他个人对卷入列强事务的兴趣，更体现出美国在地区争端和重要国际议题上制衡列强、维持均势的战略考虑和利益盘算。老罗斯福认为，美国应该同欧洲老牌强国一样，积极参与到国际政治当中，在外交上努力维持国际力量平衡，而这完全背离了美国传统的孤芳自赏的外交理念。基辛格评价说，在老罗斯福看来，"美国与其他强国没有两样，并不是独一无二的道德化身。若美国的利益与他国相抵触，她有义务凭借本身实力取得优势。”老罗斯福的想法与做法，对于以往的总统、对于这个始终视自己为一个“例外”的国家来说，都是前所未有的，开了美国历史的先河。

但在实践当中，作为扩张者队伍中的“新人”，美国展现了与欧洲老殖民者之间的些许差别。例如，美国在美西战争之后，并未像老殖民者那样对古巴实行直接统治，而是给予其形式上的独立，用间接的方式对其进行掌控。作为“强权俱乐部”的新到者，美国处理国际事务的新手法、新方案，客观上有一定进步意义，虽然其实质上仍是对目标国进行掠夺和剥削。事实上，在后来美国走向世界的过程中，这种新意和所谓进步性一直是其外交上吹捧和标榜之所在。

第一次世界大战为美国尝试构建世界新秩序，成为世界政治舞台上的主角提供了机会。作为参战国之一，美国早早就为战后国际安排做了准备。1918 年 1 月，时任美国总统威尔逊提出了“十四点计划”，倡导集体安全、公开外交和民族自决等原则。这些主张直接挑战了列强的长期做法与利益，凸显了美国理想主义色彩浓厚的外交个性，也成为战后和谈的基础与巴黎和会的重要指导原则。威尔逊的宏愿后来虽因国内的坚决反对而未能实现，但他提出的处理国际关系的新思想对战后国际政治的发展产生了重大影响，同时也表明美国已经有能力为世界和平提供智力支持、设计可行路径，为未来美国进一步在国际事务中扮演主要角色做了重要铺垫。

到20世纪20年代，美国在实力上领先世界的态势愈加明显，经济的蓬勃发展使得其对外部的依赖与需求越来越成为事实，在对外交往中的利益也越来越大。在这样的背景下，虽然孤立主义仍是许多美国人思考外交问题的惯常思维，美国在很多方面也确实还未做好张开双臂拥抱世界的准备，但让这个国家再退回到曾经自我孤立的堡垒中已不可能。作为一支新兴力量，美国已在国际舞台上站稳了脚跟，并开始扮演一个愈发重要而又特点鲜明的大国角色。虽然当时主导国际政治的主要力量还是欧洲传统大国，但世界无疑已真切地感觉到：美国来了。

一战的惨痛经历激起国际社会对持久和平的渴望，对于维护和平，美国给出的办法依然是建立集体安全。1921年底到1922年初，美国召集各主要国家召开华盛顿会议，期间达成限制主要国家海军力量的“五强条约”，其成为现代史上第一个通过谈判达成的裁军协议，而裁军也被认为是确保和平的重要途径。会议还通过“四强条约”和“九国公约”对太平洋和远东秩序做出安排。华盛顿会议的成果支撑起一个新的国际和亚太地区秩序，被称为“华盛顿体系”。作为会议组织者，美国关于建立集体安全的主张在其中有较多体现，表明其在国际政治中的影响力得到加强。

华盛顿会议后，美国继续鼓励欧洲国家之间达成和解。1925年，欧洲六国与德国签署了和平协定，即《洛迦诺公约》(被称为“国际和平的保证”)，美国对此大力支持。1928年，美国又主导将法国提议的“美法双边条约”扩大为国际公约，即《凯洛格—白里安公约》，其中宣布放弃战争手段，只能用和平方式解决国际争端。最终，共有63个国家在公约上签字，美国国务卿凯洛格本人作为公约发起者之一也获得诺贝尔和平奖。在整个20世纪20年代，美国在国际多边外交中非常活跃，其高举和平主义大旗，执着地秉持着充满理想主义色彩的“非战”理念，试图以多边国际协定的方式处理战争与和平的问题。

美国之所以着力打造一个集体安全体系，一是由于一战结束后，美国民众厌战情绪高涨，国内掀起和平主义浪潮，出现不少以维护和平、反对战争为宗旨的社会团体，和平之风盛行。而美国在外交上的作为正是国内民意的一种反映。二是在当时世界各强权之中，美国能保持相对中立地位，与其他各方没有多少历史纠葛和利益争斗，也无明显的远近亲疏，诸列强均不想公然得罪美国这个大块头。因此，美国可以以一种超脱的姿态看待和处理国际问题，站在道义高度为和平设计方案。三是对美国来说，比提升自己国际政治影响力更为直接的需求，是在和平的环境中不断谋取更大的经济利益。20世纪20年代担任总统的柯立芝有句名言:“美国的要紧事就是做生意。”整个20年代，美国在国内经济继续保持高速增长的同时，在世界范围的经济扩张也达到前所未有的水平，“美国用产品、分厂和投资资本淹没了世界”。可以说，和平的国际环境为美国的扩张创造了良好的条件。

然而，美国努力构建的集体安全体系却是脆弱的。进入 20 世纪 30 年代，战争阴云越积越厚，欧亚大陆局势越发紧张。正从大萧条中恢复过来的美国仍然倾向于相信遥远大陆发生的事情与己无关，因此选择了孤立主义路线。直到日本全面侵华，第二次世界大战全面爆发，美国仍未完全放弃中立立场。总的来看，这一时期美国固然希望和平得以维护，但并不愿承担起维护和平的义务，不打算为和平做实实在在的付出。用基辛格的话说，美国对维护和平采取的是“理论上赞同和实际上不参与执行”的态度。美国在 20 年代签署的各种条约，都不包含执行义务，这样的集体安全体系注定难以维持。两次世界大战之间的经历表明，美国在此期间的外交尝试并不成功，半心半意的美国无力从根本上影响国际形势的发展演变，也不能得到自己想要的结果。

实际上，对于最终参与二战，美国一直做着战略上的准备，只是对于到底在何时以何种方式加入战斗，当时的罗斯福政府一直踌躇不决、欲进又止。面对欧洲和太平洋战场两线作战的困难，以及国内孤立主义情绪的阻挠，罗斯福更倾向于在敌人“开了第一枪”之后再正式宣战。1941 年 12 月 7 日日本轰炸珍珠港，终于给美国提供了足够的理由与动力，它义无反顾地全面加入反法西斯战争。这次美国要做的，不仅是决定战争的胜败，还要为战后的世界制定规则，要主导国际新秩序。

其实，在未正式参战之前，美国已经在谋划世界的未来。1941 年 8 月，罗斯福和英国首相丘吉尔发表了《大西洋宪章》，这一具有重要意义的文件反映了美国对战后世界的设想，强调了集体安全、民族自决、贸易自由、航行自由等原则，体现的都是美国在国际事务中的一贯主张。《大西洋宪章》的原则也得到苏联的支持，并在随后不久由 26 个国家签署的《联合国家宣言》中得到重申，为战后国际秩序构建奠定了重要基础。

经过浴血奋战，世界反法西斯战争以正义力量获得胜利而结束，美国的军力和工业潜力也在战争中得到充分激发，为成为超级大国补上了最后一块拼板。在其他老牌强国因战而衰的同时，美国却因战而兴，并最终完成自己的崛起征程。与一战后重建国际秩序不同的是，这一次，美国的设想从一开始就在己方联盟中得到广泛的认可，成为一种占据主导地位的理念。虽然战后国际局势未完全按照罗斯福最初的构想发展，战时的盟国美国与苏联分道扬镳，形成对立的冷战阵营，但美国无疑已成为世界政治中最重要的力量，被“顺理成章”推上西方世界盟主的位置。

美国崛起有着扩张的基因，但同样不乏运气。美国在自身实力壮大与走向世界舞台中心这两个阶段，都未遇到太大的困难与波折，没有出现被打断、被扭转的情况，基本上是随着时间的推

> 1941年8月大西洋会议期间，在『威尔士亲王』号战列舰上的罗斯福与丘吉尔

移持续地取得进展，最终走完崛起之路，站上世界之巅。俾斯麦就曾经说过“上帝偏爱酒鬼、傻瓜和美国”，话语中透着嫉妒的意味。很长一段时间内，天赋异禀的美国都远离是非之地，在国际关系的“体系”之外相对“自由”地“野蛮生长”，从列强相争中不断渔利直到最终超越它们。因此，美国崛起既是自己不断发展壮大的结果，也是忙于相互厮杀的欧洲列强“集体忽视”导致的，多多少少带有些偶然性。

在这当中，美英特殊关系至关重要，它保证了美国“不流血的登顶”。进入 20 世纪，英国在工业能力上被美国超越，世界最强国的地位逐渐动摇，但仍在全球不同地区拥有殖民地，是国际政治中最具影响力的角色。尽可能维系对己有利的国际旧秩序，特别是避免以自己为中心的帝国体系瓦解，一直是英国勉力追求的目标，但英国外交的重点始终在欧洲大陆。当美国加入二战、准备重塑国际秩序时，英国已深陷战争且岌岌可危，迫切需要美国的援助，也就很难再与美国就战后安排讨价还价。同时，美英两国在血缘、文化与价值观上的紧密联系，让英国对美国接手世界盟主地位在心理上更易接受。于是，英国并未阻挡与美国之间的权力转移，而是顺水推舟认可了美国战后安排中确立的那些于己不利的原则。可以说，美英特殊关系是美国崛起最后阶段的润滑剂，在这个原本大国崛起最为困难的时期，美国实际面临的阻力因此而大大减小，这是以往大国兴衰历史上少有的情况。

另一个更为具体的例子是，美国在二战结束之前就不仅成为一个工业大国、技术大国，而且成为科学大国，让美国作为世界头号强国有了更足的成色，而这得益于此前一批世界顶尖科学家从欧洲移民至美国。与在工业制造领域取得的显著成就相比，美国一直没有建立起足以领先世界的科研体系。但在 20 世纪 30 年代左右，爱因斯坦、费米、冯·卡门等科学巨匠的到来，使美国原本相对薄弱的理论科学基础短时间内得以补齐，科研水平实现跳跃式提升，迅速取代欧洲成为世界科学新中心。这些人对美国原子弹研发项目不可或缺的贡献，更直接体现为战争中的打击能力，对战争结果乃至战后国际力量平衡产生了至关重要的影响。他们能聚集在美国，究其原因，还是因为一战结束后欧洲一直处于相对动荡状态，政治混乱，种族仇视泛滥。相比之下，远隔大西洋的美国一派和平景象，社会气氛更加宽松，给人以更强的安全感，而移民文化也使人们对外来者更加包容，特别是为犹太人提供了理想的避难之所，使得美国对国外人才有特殊的吸引力。

抓住机遇

美国崛起的背后，还有着一些贯穿于自殖民地时代以来数百年历史、文化传统的生产与社会实践的动力与机制。这些动力与机制相互交织、互为因果、彼此共振，让美国独具的各种客观优势更显突出。正因如此，美国才得以维持和延续各种内外有利条件而不是将其挥霍，抓住难得的战略机遇而不是让其错过，进行积极而必要的变革而不是回避或裹足不前。

持续的发展为美国崛起提供了坚实的物质基础。美国崛起的过程是一个发展的过程，依靠持续不断的发展才有了崛起。美国从建国开始，一直到20世纪40年代完成崛起，发展贯穿始终。从农耕到采矿、到淘金、到大工业、到金融，在每个阶段美国总是不停地变换着方式推进发展，国家的规模与实力不断扩张，生产能力、科技能力不断提高，国民生活不断改善，走向大国、强国的脚步从未停歇。

作为一个群体，美国人从一开始就有着强烈的追求发展的动力。最初的殖民者身上体现的清教传统，强调的就是现世的成功和物质财富的积累，未经开垦的美洲大陆既让他们必须努力劳作才能生存，也为他们提供了看不到边际的拓展空间。同样重要的是，这种空间也体现在社会关系层面。与欧洲各国普通民众相比，新世界殖民者们在社会关系上的束缚要少得多。没有对贵族和封建主的人身依附，美国人享受着充分的从事各种经济活动的自由。正如托克维尔所说：“他们总是不满意自己的处境，并总有摆脱这个处境的自由，所以他们满脑子只想着如何改善处境和如何增加财富。”在他看来，“美国不但有其他国家那样的工商业者阶级，而且有其他国家所没有的一种现象，即全国人人都从事工商业”。对于天生就是一个资本主义国家的美国来说，发展与扩张的欲望根植于其基因之中。事实也证明，资本主义在美国得到最充分的发展，无论是规模扩大还是模式创新，都达到其他国家未曾达到过的高度。也正是在这几乎没有停顿的发展之中，美国的国力拾阶而上，一步步超越了世界上的所有国家而达至顶峰。

长达百年乃至数百年的发展为美国的崛起奠定了坚实的物质基础，同时也深深地影响着美国人的精神世界。对于社会心理的塑造，人们的生产与生活实践发挥着最为根本和重要的作用。对早期的美国人来说，广袤无垠的处女地上充满机会，只要肯干，就总有成功的一日；只要愿意付出努力，就没有不能克服的困难。不停地开垦与扩张，不停地收获新的财富，不停地创造更好的生活，这在相当长时间里几乎是美国人对未来定式般的想象。特殊的国情让美国人在身份上没有历史包袱，发展不仅让美国民众相信国家在不断壮大，也让他们相信自己的生活在不断改善，而许多问题都能随着发展迎刃而解。只要明天会更好，他们就不会因眼前的困难而沮丧，对现实中不合理的现象也更有理由忽视或者包容。美国人不愿将精力过多投入理论思考，解决现实问题是最大的需求，“有用即真理”的实用主义哲学在这样的环境中找到生长的土壤。正是这种生产与开拓的实践锻造了美利坚民族实干进取的精神，也培育了美国人乐观积极的心态。

强有力的改革让美国崛起之路避免脱轨。发展固然重要，但没有规范节制的发展，最终可能被贪欲所驱使，把国家带偏方向，甚至走上疯狂的道路。因此，在发展的过程中需要阶段性地解决前期积累暴露的各种问题，对前进方向加以校正，防止发展进程跑偏脱轨，这就是改革要完成的任务。

美国是一个有改革传统的国家，以改革而非革命的方式推动进步更符合美国人的习惯。一方面，美国历史很短，没有经历过残酷的宗教和阶级压迫，独立战争后也就没有产生过强烈的以革命推翻权威的社会诉求。另一方面，无论是开辟新疆域还是建设新国家，美国人都既无先例可循，也不受成法束缚，只是在实践当中不断摸索、创新与改善。

美国历史上两次著名的改革分别是进步运动和罗斯福新政。其中 20 世纪初的进步运动是此前政府职能扩大和加强的延续。在老罗斯福和威尔逊的领导之下，美国联邦政府通过反托拉斯政策打击了垄断势力，消除了经济活动中的某些极端邪恶现象；改革了金融体系，强化了对企业的监管，政府管理和调节经济的职能明显加强。另外，政府还出面协调劳资纠纷，工人的利益得到一定程度的保护，使原本日趋尖锐的阶级矛盾出现缓和。通过这次改革，美国度过了世纪之交经济与社会转型的矛盾多发期，迎来了一个欣欣向荣的新阶段。1929 年美国爆发了空前严重的经济危机，并席卷整个资本主义世界。为应对危机，1933 年富兰克林·罗斯福就任总统后开始推行新政，最终构筑起一套以政府积极干预社会与经济生活为主要特征的新制度，建立起国家福利体系，改变了千千万万普通美国人的命运，将美国推进国家垄断资本主义阶段。可以说，新政挽救了美国被经济危机推向崩溃边缘的资本主义制度，让它获得新生。

资本主义社会的基本矛盾决定了其发展过程中将不断产生各种问题与挑战，甚至会阶段性地面临危机。在这方面，美国并非例外，危机之于美国并不罕见。但与其他一些资本主义国家相比，面对危机，美国社会并未爆发大的、颠覆性的震荡，而是能一次次以改革来应对，并总体取得良好的效果，国家整体制度得到修补和完善，崛起过程非但没有因危机干扰而打断，反而获得新的动力。可以说，正是改革一次次拯救了美国，使其能不断超越自我、吐故纳新，从而保证了美国的繁荣之路不断延伸。

如果说改革缓和了美国社会出现的各种矛盾，化解了危机与风险，维护并完善了国家的总体制度框架与治理体系，特性鲜明的自我正义感则为美国崛起提供了强大的精神牵引和内部凝聚力。其在精神层面调动起人们对国家的信仰与信心，将一个看似松散多元的社会维系在一起，形成美国人笃信不疑的“美国精神”，并不断向全世界传播，进而树立起“美国价值”。

美国在其发展历史过程中逐渐呈现出越来越明显的多元性、

多样性，但在意识形态上却将最初就存在的高度单一性一直传承下来，在不断丰富的形式下始终藏着一个坚硬的内核。基于移民历史和宗教传统，美国人很早就创造了一套有明显特色、理想主义色彩浓重的话语体系，“自由”“民主”“人权”“道义”等词汇是其中的核心概念。独特的建国历程让美国人始终坚信自己的国家是一个与众不同的“例外”，强烈的宗教情怀让他们觉得自己受到上天特殊的眷顾，也“对人类承担着特殊的使命”。因此，美国人从一开始就注重自己行为的“正义性”，避免赤裸裸地谈论“利益”。而这种“正义”的标准，来自基督教教义，来自启蒙时代以来英国与欧陆国家哲人们的思想。在《独立宣言》和《美国宪法》等重要的奠基性文献当中，字里行间都飘散着“正义”的味道。而华盛顿以降的美国历代领导人，也都以“正义”作为其政策主张的基本支撑。

对国家正义感的信仰同样存在于普通美国人之中，而这在现实当中是有基础的。除了美国天生优越的自然条件赋予民众更多选择与自由外，政治上的进步是更重要的原因。在 18、19 世纪，欧洲各主要国家大多至少在名义上保持君主制政体，社会明显分为贵族与平民阶层。相比之下，美国建立了世界上第一个资产阶级共和国，并将“人民”这一概念放在政治理念的突出位置上。理论上讲，所有公民都受宪法保护，拥有平等的政治权力、经济机会与信仰自由。美国制度相对的先进性，让普通美国人更愿意

< 1776年负责起草宣言的『五人委员会』向大陆会议提交《独立宣言》

相信自己的国家有着与生俱来的正义性，对国家的认同成为美国人身份认同的重要组成，这对维系美国作为一个多元、开放国家的统一至关重要。美西战争中，内战时期曾经的敌人共同为美国并肩作战，“在美国国家主义的旗帜下，从前的敌人团结在一起了”，“内战的伤口在一种非常不同的冲突背景下愈合了”。

当国内社会产生矛盾、出现危机之时，民众对国家的认同发挥着重要作用。19 世纪 80 年代，美国曾爆发大规模工人运动，但与欧洲国家不同的是，美国的工人运动一直未对资本主义制度产生致命的冲击，也没有表现出明确的追求社会主义的倾向。对此，有人就用美国工人的国家认同高于阶级认同来解释，认为他们“像所有美国人一样”，“有着无限的乐观主义，它来自关于自己国家的使命和伟大的信念，这是一个常常带有宗教色彩的信念”，“所有欧洲工人赖以建立其阶级意识的感觉和情绪……在这里都消失了”。可以说，当美国的资本主义发展到阶级对立空前严重的阶段，社会有可能因此动荡时，普通民众对国家的认同成了维持国家与社会秩序的稳定剂。

美国的自我正义感在外交上表现得十分明显，美国人给自己国家贴上的“例外”“正义”的标签，正是与世界上其他国家，特别是欧洲各主要国家对比之后一种优越感的表露。从华盛顿的《告别演说》开始，美国领导人对外交思想的阐述都用理想主义的词藻加以点缀，在这样的话语中，无论美国采取何种对外政策，都是从正义的角度出发。孤立主义者指出美国不能将自己混同于普通国家，要与外部世界的利益纠纷保持距离；扩张主义者则突出美国肩负的特殊使命，由此希望美国在国际事务中扮演更为活跃积极的角色。支持使用武力者认为主持“正义”的美国在邪恶势力面前不能手软；反对者则强调维护国际和平的重要性。

与受自身地理空间所限只能去占领和掠夺的欧洲列强相比，拥有广阔开拓空间的美国发展中面临的抵抗与道义上的罪恶感要小得多，这使美国有足够的自信把自己标榜为“例外”，为自己的外交戴上理想主义的花环。当 20 世纪 40 年代美国最终有能力塑造国际秩序之时，其方案自然是服务于自身利益的，但相对于老牌帝国主义国家曾经把控的秩序，美国的方案又客观上具有一定的进步性，其中的原则与世界上被压迫民族和人民追求独立解放与自由平等的要求有某种契合，也更能适应已经变化了的世界，这有利于美国在国际上树立一种更加开明的形象，为其崛起染上一层“正义”的色彩。

应当指出，美国的历史绝非完美，肮脏、丑恶乃至罪恶充斥其间，包括扩张时期对印第安原住民的驱赶与屠杀，对黑人长期的奴役与歧视，以及一段时期内资本家对工人阶级的压榨与欺凌。19 世纪下半叶华工为美国国内建设付出血汗，后来却也遭受了不公平的待遇。美国标榜自己与生俱来的理想，但当杰斐逊在《独立宣言》中写下“人人生而平等”的闪光词句时，其中的

“人人”至少不包括成千上万的黑奴，《美国宪法》也并未给予其“人”的地位与尊严。美国的正义感有其虚伪的一面，正因如此，才是一种“自我正义”。这种强烈而独特的自我正义感，对“美国崛起是为了什么”的问题给出一个或坚定有力或冠冕堂皇的回答，真正构成美国崛起的精神牵引。

正义的绝对性与现实的不完美性之间存在突出的矛盾，对此美国大致采用了以下几种方法来应对。一是以正义的旗号掩盖劣迹。比如早期的殖民者们就怀有强烈的“天定命运”意识，认为上帝赐予他们一块土地，也赋予他们神圣的使命。到 19 世纪 40 年代，有人明确提出“天定命运”理论，以其作为美国在北美大陆扩张、占领印第安人家园乃至侵略墨西哥的思想基础与正当理由。而扩张者也以这一理论来论证自己行为的合理性，在欺人的同时也达到自欺的效果。二是以粗线条对待历史，忽略和抹杀“令人不快”的情节。从殖民地时代起，白人、盎格鲁—撒克逊文化、基督教新教教义三者的结合就框定了美国叙事的主流话语体系，几个世纪以来，美国历史和美国精神都在这种话语体系中被大而化之地讲述着，留存了那些光辉灿烂的内容，删去了许多不堪回首的往事，历史上那些受到不公待遇的人们已经被边缘化到几乎不存在的境地。

相比之下，第三种方法更经得起挑战，也显出美国主流意识形态的力量。对美国历史上的劣迹，现实中存在大量的描述。如人们熟知的小说《汤姆叔叔的小屋》在内战之前就已问世，其中描写了白人奴隶主对黑人奴隶的恶行。在资本主义大发展时期涌现的以马克·吐温、杰克·伦敦、西奥多·德莱赛为代表的一大批批判现实主义作家，用他们的作品深刻揭露了资本主义社会的黑暗。美国新闻界也曾发起过揭发黑幕的"扒粪运动"，产生了轰动的社会效应。这些都与那种充满正义感的美国叙事形成明显区别，但并未对主流话语体系产生很大冲击，没有让美国的自我正义感受损。究其原因，主要是深受宗教思想影响的主流意识形态早已对美国的历史做了"神化"处理，而用相对包容的态度看待其间的瑕疵，将其视为本不完美的"人性"的、"支流"的东西，同时坦然地对二者进行区隔。与此相应的是，在标榜言论自由的美国，很早就形成一种默契，即任何具体的人、机构、组织都可以成为舆论嘲弄、讥讽和批判的对象，但对被经过抽象了的、奉为神明的国家精神的象征，对《美国宪法》及其确定的政治原则与政治架构，社会却从来都抱着虔诚尊敬的态度，很少有人会公然冒犯。美国知名学者霍夫施塔特指出，作为一个具有良好运转状态的社会，美国"决不扶持那些与其主要的运转安排敌对的思想。这些思想也会冒头，但总是被慢慢地、持续不断地隔绝起来"，"局限在少数持异见分子和异化了的知识分子圈子内"，"不会在讲求实际的政界流传"。这就是美国最基本的政治正确，也是美国自我正义感最重要的保护机制。

领袖把舵

要在逆境中规避风险、克服困难，在顺境中抓住机遇、收获成功，就需要准确判断形势，恰当选择策略，需要审时度势的智慧和远见。在美国崛起的过程中，提供这种智慧与远见的就是美国的精英群体，特别是少数领袖人物。

美国以民主自居、以民主为荣，从理论上讲，国家的一切重大决策都应通过民主机制、依据民意而定。但在现实中，普通百姓在政治上的重要性与其在国家人口中所占的比例并不匹配，真正有能力决定国家大政方针的是那些社会精英。美国的政治制度从最初设计之时，就是要用代议制过滤有可能激进的民意，更多反映精英们相对温和理性的主张。

以华盛顿、富兰克林、杰斐逊为代表的美国“开国之父”们，在当时的美国社会中多属拥有可观财产的富庶阶级，政治思想上被资产阶级民主理念所浸染，同时对古希腊以来西方的人文历史有深刻的理解与掌握，对当时自然科学发展的最前沿也有所了解。应该说，他们是走在那个时代前列的人物。他们知道自己所做的是一个前无古人的政治与社会试验，深知试验成功绝非易事。对于刚出襁褓的合众国来说，周遭环境充满不确定性，因此他们在为美国搭建制度框架时抉择格外慎重、思虑相当周全，是他们决定了美国是一个什么样的国家，应该依据什么样的规则来运转，甚至未来会走出一条什么样的发展之路。

历史走到 19 世纪 60 年代，美国面临着自建国以来最凶险的危机。国家的统一或分裂，需要一场战争给出答案。在这紧要的当口，林肯成了乱世中的中流砥柱。正是在他的坚强领导下，北方最终赢得内战的胜利，联邦得以维系。同时，林肯具有超群的个人品质。马克思评价林肯说：“他是一位达到伟大境界而仍保持自己优良品质的罕有人物。”林肯倡导“民有、民治、民享”的政府，签署了废除奴隶制的《解放宣言》。他甚至说，劳动产品“理应属于那些以劳动生产这些事物的人。但世上古往今来的情况却是，某些人劳动，而另一些人并不劳动却获得劳动成果的大部分。这是不公正的，不应继续下去”。作为 19 世纪中叶的资产阶级政治领袖，林肯能有这样进步的思想实在令人称奇。可以说，在“开国之父”们的思想基础上，林肯对美国资本主义民主制度给出新的阐释，赋予它更为完整与强烈的正义性。他的死，让美国人民深切感受到国家统一来之不易，更对其倍加珍惜。正因如此，林肯才被后人抬上了美国历史的圣坛。

到了崛起的最后阶段，美国又产生了一位能照亮整个时代的领袖人物，他就是富兰克林·罗斯福。对内，他推进和领导了新政，让美国的资本主义制度走出危机，走上更具公平性的发展道路。对外，他耐心地等到了自己想要的机会，最终率领美国加入第二次世界大战，并成功地以个人魅力与外交技巧构筑和领导了世界反法西斯同盟，把世界人民反法西斯战争的胜利转化为美国的胜利，顺势将美国推上世界的顶峰。罗斯福空前地四次赢得总统选举，在位达 12 年之久，他是一个时代的开辟者和领导者，超长的任期和卓越的建树让他成为对美国影响最大的总统之一。新政的实施，几乎全靠罗斯福的一己之力。霍夫施塔特评价道，进步运动是由西奥多·罗斯福、威尔逊等人分别担任全国改革的领袖，“而在新政时期，改革的领导则完全由一人承担下来”。在国际事务方面，基辛格给他的评价则是，罗斯福是“将美国带上国际领导地位的总统，在当时环境下，全世界是战是和，是进步是停滞，全都有待于他的远见与坚定不移”，“美国实实在在、与日俱增的实力，也必会把它推向国际舞台的中心。不过这一切之所以能如此迅速且彻底地实现，完全归功于罗斯福”。

历史有着不可更改的规律，向前发展的潮流难以阻挡，但历史的必然性终要通过人的作为才得以体现。美国有幸在其崛起的不同阶段，靠着英明的领袖人物在关键时刻的掌舵，让前进的航船在恶浪中不致倾覆，在顺流中能扬帆疾行。可以设想，如果没有华盛顿等“开国之父”们在一开始就为美国定下一套适应资本主义发展的政治制度并亲自实践之，美国也许仍然能凭借其优越的自然和人文条件而逐渐成长壮大，不断摸索出一条适合自己的道路，成为一个在世界上占有重要位置的国家；没有林肯领导联邦力量打赢内战，北方的资产阶级最终还是会以某种形式战胜南

< 美国拉什莫尔山国家纪念公园的总统雕像山，从左到右依次是华盛顿、杰斐逊、老罗斯福（西奥多·罗斯福）和林肯

方的种植园主，黑人得到解放，资本主义制度在全国范围内推广，因为这毕竟是一场先进与落后势力间的较量；没有罗斯福推动实施新政以及带领美国加入二战，美国也一样迟早会走出大萧条，凋敝的经济得以复苏，民众的生活得到恢复，资本主义制度的改革也会不断推进，而战争的胜利也最终会属于正义的力量。但可以肯定的是，在那种情况下，美国的发展要经历更多的波折，付出更大的代价，错过一些关键的机遇，美国崛起之路也会因此更加不顺利、延宕更长的时间，甚至被其他国家占了先机。领袖人物的过人之处，是他们能比常人站得更高、看得更远，对历史发展的趋势有更为清醒和准确的观察。而他们的使命，就是

以更强的意识与意志，把握历史脉搏，借助历史大势的力量，把历史必然性注入国家命运之中，让国家在一条通途上走得更快、更远。从这个角度来看，美国的领袖人物们很好地履行了自己的历史使命，美国的崛起因为他们的存在而得到强大的助力。

但令人遗憾的是，在今日的美国，杰出的政治领袖已成为稀缺品。在内部深陷社会撕裂和政治极化的背景下，美国的政治人物都盯着自己的一亩三分地，失去了大刀阔斧改革的动力和能力。而当美国精神开始褪色、美国光环开始消散时，历史也许会迎来下一个轮回……

参 考 文 献

1 刘绪贻、杨生茂总主编:《美国通史》第一、二、三、四、五卷，人民出版社 2008 年版。

2 资中筠:《20 世纪的美国（修订版）》，商务印书馆 2018 年版。

3 李庆余:《美国外交史——从独立战争至 2004 年（修订版）》，山东画报出版社 2008 年版。

4 黄安年:《美国的崛起》，中国社会科学出版社 2000 年版。

5 陶文钊:《中美关系史（修订本）》第一卷，上海人民出版社 2016 年版。

6 《马克思恩格斯全集》第十六卷，人民出版社1964 年版。

7 《马克思恩格斯选集》第四卷，人民出版社 1972 年版。

8 [法] 托克维尔著，董果良译:《论美国的民主》下卷，商务印书馆 2004 年版。

9 [美] 亨利·基辛格著，顾淑馨等译:《大外交》，海南出版社1998 年版。

10 [英] 保罗·肯尼迪著，陈景彪等译:《大国的兴衰》，国际文化出版公司 2006 年版。

11 [美] 理查德·霍夫施塔特著，崔永禄等译:《美国政治传统及其缔造者》，商务印书馆 2010 年版。

12 [美] 拉塞尔·柯克著，张大军译:《美国秩序的根基》，江苏凤凰文艺出版社 2018 年版。

13 [美] 斯坦利·恩格尔曼、罗伯特·高尔曼主编，蔡挺等译:《剑桥美国经济史》第三卷，中国人民大学出版社 2008 年版。

14 [美] 乔纳森·休斯、路易斯·凯恩著，杨宇光等译:《美国经济史》，格致出版社、上海人民出版社 2013 年版。

15 [英] 苏珊－玛丽格兰特著，董晨宇等译:《剑桥美国史》，新星出版社 2017 年版。

16 [德] 维尔纳·桑巴特著，赖海榕译:《为什么美国没有社会主义》，社会科学文献出版社 2014 年版。

6

第六章

苏联是怎么垮掉的

2020年2月25日，苏联最后一位元帅亚佐夫在莫斯科逝世，享年96岁。他的离去，再度唤起人们对苏联这个消散在历史云烟里的超级大国的记忆。亚佐夫的一生，见证了人类历史上第一个社会主义国家的崛起、兴盛、衰落与崩溃。他出生于苏联肇建之初，亲历了血腥残酷的列宁格勒围城战，在勃列日涅夫的“停滞盛世”中跻身高层，在戈尔巴乔夫的“民主洪流”中被推上时代潮头。在苏联存在的最后4年，亚佐夫大起大落的命运轨迹，勾勒出这场大国崩溃的悲剧剪影：他因一个联邦德国青年的飞行冒险而平步青云——1987年，19岁的联邦德国青年马蒂亚斯·鲁斯特驾机穿越苏联领空降落在莫斯科红场的鲁莽行为，引发二战后苏联军队最大规模人事调整，亚佐夫由此接任国防部长，却不得不在国内此起彼伏的分离运动和社会抗议中疲于奔命。他因一场“拨乱反正”的政治冒险而身陷囹圄——

1991年苏共党内强硬派发动旨在废除戈尔巴乔夫改革、拯救联盟解体命运的政变（“8·19”事件），亚佐夫是政变主要领导之一，失败后被捕入狱，却又因对旧体制的忠诚而赢得后人的尊重。

亚佐夫死于苏联解体后的第29年，一众亲历者正逐渐老去或消失，而苏联解体这一“20世纪最大的地缘政治灾难”（普京语）的后遗症仍在持续发酵。事实上，无论是近期阿塞拜疆和亚美尼亚围绕纳卡地区再度爆发的军事冲突，还是导致俄罗斯西方关系紧张的克里米亚危机，再到北约东扩、欧盟东进、遍布独联体国家的“颜色革命”和地区分离运动，30年前的苏联解体对地缘格局和国际体系的影响一直不曾平息，使得人们不得不将探究的目光时常投向那一段尘封的历史。

“其兴也勃焉，其亡也忽焉。”苏联的崛起和灭亡是近现代世界史上一个史诗般的事件，创造了太多的传奇和意外。史海钩沉，谁都没想到，十月革命的一声炮响使得一个当时处于边缘位置的小党夺取了这个人口过亿的大国的政权，并几乎在举世皆敌的情况下开天辟地建立起社会主义国家；谁都要惊叹，这样一个备受封锁和歧视的“异端国家”在恶劣的国际环境中通过艰苦奋斗成功实现了工业化转型，并在经历了“大清洗”等内部动荡后最终打赢了第二次世界大战，成为战后国际秩序的主要塑造者之一；谁都会困惑，这个令人生畏的超级大国、两极体系的主导者没有亡于外敌入侵，却在相对和平的国际环境里一朝土崩瓦解、风流云散。如果从亚佐夫策划和参与的“8·19”事件算起，苏联的崩溃实际仅用了数月时间，其瓦解之速、幅度之烈在令人瞠目结舌的同时，也让人唏嘘不已。

信仰幻灭

一个耐人寻味的对比经常被人提及：1917年10月，布尔什维克拥有35万党员，发动了十月革命；1920年苏俄有61.2万名党员，打退了协约国武装干涉，消灭了白军；1941年卫国战争爆发时党员达到249万人，到1946年成为东方阵营的领导者时约412.8万人；1989年正式党员达到1897.6万人，却坐看东欧社会主义国家如多米诺骨牌般倒下，势力范围急剧萎缩；到1991年党员人数仍有1651.6万人，最终迎来了苏联解体的悲剧结果。

对比的同时是疑问：为什么苏共在兵微将寡、力量薄弱时能够"逆天"崛起，"创业"出一个占地2240万平方公里、人口2.9亿的强大国家，却在执政74年根基稳定、国势强盛时"一夫夜呼而乱者四应"，近2000万名党员"更无一人是男儿"，很快滑向四分五裂的深渊？基于不同的政治立场和学术观点，对苏联解体的认识常可看到"罗生门"式的表述，但几乎所有人都承认，苏联的解体是在全社会的集体沉默中完成的，甚至听不到一声叹息！

集体沉默的背后，是深刻的意识形态危机。不少学者指出，

苏联社会的总危机正是从意识形态领域开始的，“所有居民阶层、各个层次的受教育者、各行各业、所有的政治方向、所有的组织和运动、所有的成年人，思想上完全瓦解了”。冰冻三尺非一日之寒，从赫鲁晓夫在苏共二十大“秘密报告”掀起的“去斯大林化”运动开始，苏联意识形态大厦的崩塌已初现端倪，一批以戈尔巴乔夫为代表的“二十大产儿”的出现为30年后的危机埋下了伏笔。勃列日涅夫“静悄悄的斯大林化”这种“糊裱匠”式的做法进一步加剧了国内的思想混乱和社会不满。自20世纪70年代末，苏联政治上“夜间人”现象（白天与官方保持一致，夜间则大肆批评时政）日益明显，“厨房政治文化”（当时苏联居民住房狭小，厨房也是餐厅、客厅，成为人们交流私密意见的主要场所）相当普遍，各种辛辣讽刺的政治笑话广为流传，甚至被美国驻苏使馆专门收集分析，成为危机到来的一种前兆。

2010 年，当戈尔巴乔夫接受俄罗斯《独立报》的采访时，他这样说道：“当别人问到我是个什么样的人的时候，我的回答只有一个，‘我是社会民主主义者’。”苏联意识形态危机的爆发与戈氏本人的思想倾向和以“公开性”“民主化”著称的“新思维”改革密切相关。作为唯一出生在十月革命后的苏联领导人，他拥有法学和经济学专业背景，接任苏共中央总书记时 54 岁，踌躇满志，渴望变革，对苏联僵化保守的现状抱有强烈的厌恶。而当时苏联的情势也为其提供了大刀阔斧的舞台。如果把时钟拨回到 1985 年，在经历了三年内三位总书记因健康危机走马灯式轮转后，苏联社会普遍对这位年富力强、英俊潇洒、谈吐自如、以改革精神著称的新任领导人抱以厚望，希望他能一扫“老人政治”的阴霾，为日渐陷入困境的苏联经济注入新的活力。“到了非改不可的时候了”，不仅是戈氏的个人抱负，也是当时社会的共识。

梳理 6 年中戈尔巴乔夫的改革脉络，其执政初期对苏联的发展阶段、政治路线和历史问题等认识还算清醒。以 1987 年苏共中央一月全会和《改革与新思维》一书出版为标志，戈氏掀起的改革开始主动拆掉苏联意识形态防线的基石，朝着去马列化的方向脱轨狂奔，舆论失控带来的思想混乱开始泛滥。需要指出的是,《改革与新思维》中的“改革”一词在俄语中的本意是“重建”，如同戈氏所言，“必须根本改造我们整个社会大厦，从经济基础到上层建筑”。各种负面舆论借“公开性”之名充斥媒体，苏联思想界和舆论界的话语权逐渐被彻底否定社会主义的激进势力夺取，清算苏共历史、抹黑苏联制度的言论和文艺作品大批解禁、公然发表、广为传播，而拥护现行制度和社会主义道路的理性声音则遭到全国批判，被污蔑为“为专横武断的权力辩护”。

历史虚无主义盛行，暴露苏联社会阴暗面、竭力贬低社会主义建设成就、丑化苏共早期领导人形象，成为当时文学作品的主要倾向。小说《阿尔巴特街的儿女们》《穿白衣的人们》《日瓦戈医生》和电影《悔悟》等作品轰动一时，像“爆炸的炸弹”，极大震动了苏联社会。一批过去遭到打压、流放的异见人士，如物理学家萨哈罗夫、作家索尔仁尼琴重回公众视野。尤其是1990年前后，在东欧剧变的刺激下，要求转向西方、抛弃社会主义的呼声在苏联社会达到高潮，民众对苏共的厌恶情绪与日俱增。

意识形态的急转反映在改革实践中，是日趋激进的政治经济改革和对外关系调整。政治领域，1988年6月，苏共第十九次代表会议提出要对政治体制进行“根本性改革”，建立“人道的民主的社会主义”；同年12月，苏联通过宪法修正案，设立人民代表大会取代最高苏维埃体制，模仿了西方的普选制；1990年2月，戈尔巴乔夫正式提出并通过了实行总统制的设置，并随后确立了多党制原则；同年7月，苏共二十八大放弃党是“领导力量”和“核心”的表述，根本上放弃了马列主义指导思想。至此，普选制、多党制及三权分立的西式政治模式在苏联开始形成。经济领域，1988年5月，《苏联合作社法》的出台将规模庞大的“影子经济”纳入体制；1989年11月，《租赁法》的颁布打开了国有企业私有化的大门；1990年3月《所有制法》的推出使私有制的发展迅速成为社会共识；同年10月，戈氏颁布了《稳定国民经济向市场经济过渡的基本方针》，以折中妥协的方式认可了以激进私有化著称的“沙塔林—亚夫林斯基500天计划”，生产资料社会主义公有制的经济基础被彻底抛弃。对外关系领域，戈氏提出核战争是人类共同的威胁，承认全人类的价值而非阶级利益高于一切，主张两种制度“和平竞赛”。苏联开始放弃过去的强硬外交和干涉主义，转而推动以军控为主的缓和战略，全面改善与西方关系。

对以上变化，美国学者布热津斯基敏锐地指出，“戈尔巴乔夫的改革过程已逐渐走上修正主义道路”，“有朝一日甚至可能丧失对社会的垄断控制”。“民主化”和“公开性”是无产阶级政党的必然要求，戈氏的一系列改革看似并无毛病，但问题在于，这一切失控了，像“一条被栓了70多年的狗猛然挣脱了铁链”。苏共茫然坐视各种极端思潮和错误理论喷涌而出、泛滥成灾，党内外反对派蜂拥而起，最终导致其合法性和道德权威被“民主洪流”冲击得一塌糊涂，不但没能实现“相逢一笑泯恩仇”的历史和解，反而严重动摇了执政根基，以致出现最后在人群的咒骂声中被狼狈赶出苏共中央办公大楼、沦为“非法组织”的灾难一幕。

戈氏的冒进和叛逆，只是苏联意识形态危机最浓重的一道阴影。引发苏联解体的意识形态危机，除了彻底丧失布尔什维克党性的戈尔巴乔夫严重的领导失职之外，还有深刻的内外成因。

“山河之固，在德不在险。”执政党病入膏肓的腐败无疑为苏联的“棺材板”敲入了最深的一颗钉子。苏共上层的特权制度由来已久，列宁时代就有萌芽，斯大林时代公然制度化、合法化，勃列日涅夫带头贪腐、任人唯亲，起到极坏的示范作用。到了戈尔巴乔夫时代，漏洞百出的经济改革形成了更大的腐败。“国家官员、党的职能人员、共青团积极分子成为最初类型的俄罗斯企业家、20 世纪 90 年代初的第一批百万富翁和‘新俄罗斯人’。”据 1995 年俄科学院社会学所调查，当时的政治精英有 3/4 是来自苏联时期的干部，经济精英中则占到 61%，如靠倒腾拉达汽车发家的别列佐夫斯基就出身于苏联科学院的管理层。

腐败使苏共丧尽了民心道义，引发了舆论危机，更滋生出它最意想不到的一批“掘墓人”。美国学者写的《来自上层的革命——苏联体制的终结》一书中指出，苏联体制的瓦解，不是源于与经济崩溃一道而来的群众暴动，而是源于其自身的统治精英对个人利益的追逐，他们“自行背叛了以往对自己借以统治的体制的忠贞，掉头而去”。到了戈氏执政晚期，羽翼丰满、完成财富积累的官僚特权集团试图通过国家制度的公开变更使其攫取的大量财富合法化，坐视了苏联的崩溃。难怪俄罗斯民众讽刺地说：“苏共是唯一一个在自己的葬礼上致富的党。”

伴随着高层肆无忌惮的腐败，苏共的基层党组织也在快速涣散和瘫痪，而反对党派却在勃然兴起。1990 年，所谓民主派的“三面旗帜”——苏共中央政治局委员叶利钦在苏共二十八大上公然宣读退党声明，莫斯科市长波波夫和列宁格勒市长索布恰克随后跟上，开启了苏共大规模退党的风潮。截至 1991 年 1 月的两年内，苏共有近 400 万党员退党。1990 年，苏联有 20% 的车间党组织和 50% 的党小组被解散或停止活动。同时，其他党派团体如雨后春笋般涌现，1990 年 8 月达到 9 万多个，成员上千万人，有大量苏共党员参加。

谈起反对派和民主派，雅科夫列夫是一个不能绕过的人物。他是戈尔巴乔夫推动“新思维”改革的“文胆”，被称为“公开性的教父”，也被公认为是瓦解苏共的关键人物、“苏共政治局的反共产主义者”。雅氏与戈尔巴乔夫的“风云际会”始于 1983 年戈氏对加拿大的访问，当时雅氏是苏联驻加大使。戈氏上台后雅氏旋即获得重用，被调回国内主管意识形态工作。戈氏关于“民主化”“公开性”、多党制、总统制等一系列改革建议基本都是出自雅氏之手。俄媒曾这样形容两人的合作：雅科夫列夫“先在理论上提出某种思想，随后这些思想便会成为戈尔巴乔夫言论中的日常口号”。

长期在宣传部门任职的经历使雅科夫列夫深谙内部思想斗争和政治瓦解的技巧，“迂回进攻”“言行不一”套路纯熟。雅氏在1999年为俄文版《共产主义黑皮书》所写的序言中曾明确描述过他的颠覆策略，“用列宁的权威打击斯大林和斯大林主义。倘若收到成效，之后便用普列汉诺夫和社会民主主义打击列宁，用自由主义和‘道德社会主义’打击一切革命至上主义。这不是像赫鲁晓夫那样带有情绪的叫嚷，而是带着深刻的潜台词——罪恶的不单是斯大林，整个制度都是罪恶的。”从否定斯大林到否定列宁，当苏共的历史起点都被否定之后，苏共的合理性与合法性也就荡然无存了，势将走向“历史的终结”。

戈尔巴乔夫、雅科夫列夫等人的思想看上去只是代表了苏联人民的“自我觉醒”，似乎“情有可原”，但事实上，作为冷战中美苏交锋最为激烈的领域，苏联意识形态危机的产生与美欧力推的“和平演变”有很大关系。一方面，苏联主动撤除了意识形态战线的防御。1987年1月，苏联停止干扰BBC、“美国之音”等西方电台的对苏广播，随后大量进口西方报刊在国内公开出售，

“这可能比戈尔巴乔夫决定从东欧撤军50万的允诺更重要”。另一方面，西方也毫不客气地加大对苏意识形态渗透和颠覆，积极“把手伸到铁幕之后”。

“尽量用物质来引诱和败坏他们的青年，鼓励他们藐视、鄙视，进一步公开反对他们原来所受的思想教育，特别是共产主义教条……”这样用心险恶的文字出自美国中央情报局对社会主义阵营的秘密颠覆策略，即所谓的“十条诫令”。尽管一直被否认，但在《克格勃X档案》一书中，作者什罗宁将军对获知美国中央情报局奠基人杜勒斯的训示进行了详细的描述，有力印证了“十条诫令”并非子虚乌有。曾任苏联克格勃主席的克留奇科夫在其回忆录中指

∨ 1986年10月11日，苏联领导人戈尔巴乔夫和美国总统里根在冰岛首都雷克雅未克会谈

出，1958 年雅科夫列夫赴美国哥伦比亚大学进修时就已被美国中央情报局策反，是“有战略影响力的间谍”。亚佐夫元帅坚信是“第五纵队”将苏联引向绝路，苏联是被里应外合摧毁的。

历史的真相到底如何已无从得知，但戈尔巴乔夫在改革后期的个人膨胀与西方的“捧杀”脱不开干系。正如撒切尔夫人所言，戈氏“不够谨慎，容易被诱导，极其爱好虚荣”。《改革与新思维》一书发布不久，戈氏就在西方的鼓吹下享有了“伟大改革家”的美誉。1988 年 6 月，里根访问苏联，盛赞这是“在苏联历史上最令人激动而有希望的时代之一”。1990 年，诺贝尔和平奖被授予戈氏。原戈氏总统办公厅主任博尔金回忆说，戈氏经常在他的办公室里“大声朗读国外对他在世界上的伟大改革的评价，这种东西有时他会读上几个小时，时间就这样一点一点地过去了，而急待处理的大量文件他却还没有看”。

雪崩发生时，没有一片雪花是无辜的。社会历史的发展是无数个人合力作用的结果，不管是政商显要还是普罗大众，都是历史进程的深度参与者和创造者。苏联解体是人心尽失之后集体选择的结果，并非戈尔巴乔夫“一人之功”。俄罗斯总统普京谈起苏联解体时，认为这是“一场真正的悲剧”。同时他也承认，“谁不为苏联解体而惋惜，谁就没有良心；谁想恢复过去的苏联，谁就没有头脑”。

完美风暴

冷战的关键词是政治，而最终决定两大阵营命运的却是经济。尽管饱受诟病，但诞生于血与火之中的苏联政权之所以选择“斯大林模式”并非无因。在放弃了列宁的新经济政策后，这一具有鲜明的战时体制色彩的经济模式，在当时特殊的历史条件下，较好帮助苏联在短时间内实现了超高速工业化，打赢了反法西斯战争。随着世界整体转入和平与发展，它的弊端也愈发明显：集中过多、管束过严导致经济运行效率低下、浪费严重；片面强调重工业，造成产业比例的严重失衡，军工经济独大而人民生活难有效改善。

对此，苏联历任领导人也有清醒的认识。20 世纪 50 年代以来，苏联针对经济体制有过数次改革，取得一定成效，但这些改革并未突破“斯大林模式”确立的计划经济体制的基本框架，没有很好解决经济体制不适应生产力发展需要的问题，使得经济领域问题越来越严重。因此，后来很多学者认为，苏联经济在 20 世纪 70 年代末 80 年代初就已无可挽回地走向崩溃，戈尔巴乔夫接手的苏联已无可救药，不得不“摧毁”旧有体制，“否则灾难和崩溃将不可避免”。

这一观点与普通人的观感并不相符。20 世纪 70 年代的苏联被普遍认为处于一个“黄金时代”。苏联的超级大国地位在这一时期彻底奠定，GDP 规模升至美国的 60% 左右，核弹数量超过美国，1975 年赫尔辛基会议正式确认苏联的势力范围，实现了其与美国的平起平坐。人民生活得到显著改善，住房、医疗和教育都是免费的，到 1980 年有 1 亿人改善了居住条件，一系列“超级工程”纷纷落地，莫斯科街头的私家车拥有率一度高达 40%。1977 年，苏联修改宪法，写进了发达社会主义理论，称“这个社会已经建立起强大的生产力、先进的科学和文化，人民的福利不断提高，为人的全面发展创造了越来越有利的条件”。

诚然，苏联经济在 20 世纪 70 年代中期开始显露疲态，增速逐年下滑，暴露出很多问题，如科研与生产的严重脱节、粮食安全危机、日用消费品的匮乏、群众对集体财产的大规模盗窃等，但很难说苏联经济已到了崩溃边缘。美国学者称，“80 年代初，无论是根据世界标准，还是与苏联历史相比较，情况并没那么坏。”俄罗斯学者卡拉·穆尔扎通过对苏联 1985 年前后主要经济数据的对比指出，苏联经济在 1985 年以前并没有发生崩溃，也不具备经济危机爆发的特征。可是，一场“完美风暴”却在数年后不约而至，敲响了苏联解体的丧钟，其中原因值得深思。

改革的阵痛不可避免，可是苏联却死在了手术台上，戈尔巴乔夫这个“主刀医生”的一系列政策失误不容忽视。以反酗酒运动为例，上台伊始戈氏就以强硬姿态推出“禁止酗酒法案”，以向俄罗斯人传统的酗酒陋习宣战吹响了改革的号角。遗憾的是，这一突破口的选择暴露了他的武断、天真和急躁，这些性格特质还将在后续的改革中反复出现。勃列日涅夫时代的苏联每年从酿酒工业中收取多达530亿卢布的税收，占苏联国民收入的12%，有效弥补了国用不足。酒厂的限产使苏联脆弱的财政遭受严重损失，预算赤字大幅上升；与民族习俗的对抗并未改变苏联人酗酒的现实，反而带来走私、垄断等一系列社会问题，地下经济兴起，冲击政府对经济的掌控；民众期待改革提高生活水平的愿望落空，未受其利先受其害，对改革的信心下降。到1988年，禁酒令不得不宣布取消，进一步打击了戈氏的威信和形象。

错误不止于此。在经济改革起始阶段，戈尔巴乔夫就提出实行经济加速战略，不但没有对准苏联农、轻、重工业严重失衡的痛点，反而加剧了国民经济关系的失调。资源的持续错配加剧了短缺经济，一有风吹草动就容易引发抢购风潮。农业改革的滞后更是一大严重失误。尽管拥有世界上最多的耕地，苏联却沦为世界上最大的粮食进口国，食品供应紧张是短缺经济的核心。据估计，当时苏联居民的食品缺口近500亿卢布，相当于全苏食品产量的1/3，国营和合作社商业销售的食品有1/6依靠进口。农业不振也使苏联发展轻工业无从谈起。

更为关键的是，戈尔巴乔夫的改革战略选择和推进节奏出了大问题，导致其后来根本无力修正前期犯下的错误，只能被失控的苏联经济列车裹挟前行，直至走上系统性危机的不归之路。作为一个发展较为成熟的社会主义经济体，苏联的改革不像当时相对低起点的中国可以大做“增量改革”，凝聚各方共识，更多时候是一种“存量改革”，重新调整利益分配，难度很大。国内学者曾比较过中苏两国计划经济转型道路的选择，指出由于苏联的工业化、城市化以及科技发展程度更高，其计划经济的中央集权和组织化程度更高，各部门相互关联程度高，改革很容易牵一发而动全身，不利于进行局部和渐进式改革，改革的试错成本和阻力较大。对此，戈氏把前期经济改革受挫的原因归结于僵化的政治体制，严重缺乏“摸着石头过河”的耐心。

这也许与俄罗斯人的民族性格有关，“要么全有，要么一无所有”这句俄罗斯谚语完美体现了俄两极分化的性格特质。俄思想家别尔嘉耶夫指出，俄罗斯人“不懂得方法而好走极端”，这在戈氏改革中体现得淋漓尽致。戈氏改革打破了计划经济生产链条，带来了生产领域的混乱，这是经济体制转轨难以避免的代价，需要强力政治领导的坚定支持。然而，面对经改短暂受挫，戈氏选择推动政改挽回局面，但过于激进的政改反而带来指导思想的混乱和政治领导力的缺失，形成一个自我加强的负反馈循环——改革带来经济混乱，为更加激进的自由化思潮蔓延提供土壤，当局被迫加速抛弃当前经济基础向西方靠拢，导致经济衰退直至一发不可收拾。

1989 年之后，苏联经济发展思路日趋混乱，围绕计划与市场、社会主义与市场经济等问题展开的争论更加激烈。面对各方势力的博弈，关键领域改革如价格闯关一拖再拖，财政包袱越来越重，经济政策朝令夕改、自相矛盾，充满妥协色彩。以戈尔巴乔夫为代表的苏共高层先是反对、观望，然后是调和、妥协，最后转为完全支持激进市场化和私有化的改革计划。利益集团利用汹涌而来的“非国有化”浪潮大发横财而政府无力制止，人民并没有从改革中获得好处，反而要承受剧烈的通货膨胀、严重的物资短缺。

此时，苏联经济败局已定，无力回天。1989 年，苏联经济增长呈逐月下降态势，财政收入、社会劳动生产率、工农业产量、消费品产量等计划指标均未完成。1990 年，苏联出现二战后第一次负增长，跌幅达 2%，1991 年更是骤降到 17%，危机全面爆发。1991 年，苏联农业、工业、服务业产出分别比上年下降 7%、7.8% 和 9.2%，其中煤和石油的产量跌回 70 年代水平。社会劳动生产率下降了 13%，外贸减少 39%，商品流通减少 7.1%。恶性通胀出现，日用消费品零售价格、集贸市场价格较 1990 年分别增长 1.4 倍和 2 倍，黑市和议价贸易的价格则超过零售价格 9 倍。1991 年 7 月的一份政府文件悲观地指出，“国内的社会经济形势极其严峻。实际上国民经济所有部门的生产都在下降。金融借贷体系也处于危机状态。消费市场瓦解，食品短缺现象普遍，居民生活水平明显恶化。危机形势要求采取紧急措施，在一年之内实现防止国民经济瓦解的目标”。

财政崩溃和债务危机是每一个“失败国家”的标配，苏联亦不例外。分配机制改革导致苏联财政收入锐减，预算赤字剧增。俄学者统计，1985 年苏联的预算赤字为 139 亿卢布，1991 年前 9 个月已上升到 890 亿卢布。1987 年苏联取消了国家对外贸的垄断，导致进口急剧上升，更是带来国际收支危机。政府不得不通过加大发债和出售外储弥补亏空，货币发行量大增，为恶性通胀的出现做了铺垫。苏联内债在 1985 年为 1420 亿卢布，到 1991 年前 9 个月已达 8900 亿卢布，6 倍于 6 年前，同期外债从微乎其微激增至 1200 亿美元。与此同时，1960—1987 年苏联平均每年新增货币量为 22 亿卢布，到 1990 年已飙升为 270 亿卢布。为了遏制通胀、弥补亏空，1991 年初戈氏发起废钞运动，但适得其反，严重伤害了卢布信誉，加剧了经济乱象和民众不满。

穷兵黩武和对外扩张等“大国雄心”亦严重增加了苏联的财政负担。20 世纪 80 年代初美国推出的号称投入万亿美元的“星球大战”计划引起苏联的极大不安，迫使其不得不把大量资源和精力都投入到与美国的军备竞赛中，进一步强化了苏联军工经济的特征。戈尔巴乔夫在其回忆录中写道，当了总书记后才真正了解苏联军事工业的规模，军费开支占国家预算的比例、军工产业占国民生产总值的比例分别高达 40% 和 20%，远非对外宣称的 16% 和 6%，“250 亿的科研总经费中，将近 200 亿都用于军事设备的研制”。与此同时，资源的错配使苏联错过了以信息技术为核心的新一轮科技革命，人均计算机拥有量只有美国的1/50。1979年，苏联入侵阿富汗，原计划3个月的战争足足打了9年，耗资超过600亿卢布，近1.5万名士兵死亡，给苏联国力造成了巨大拖累。国际舞台上，苏联不计经济效益，大搞“形象工程”与“金元外交”。有研究称，截至1989年，苏联共向12个社会主义国家和49个第三世界国家提供了858亿卢布贷款，折合约1490亿美元，相当于苏联GDP总量的8%，远超美、英等国外援水平，苏援甚至成为一些国家赖以生存的“生命线”。讽刺的是，同期苏联自身的外债负担也在快速上升，有“打肿脸充胖子”之嫌。

1989年的东欧剧变意味着苏联以经互会体制为核心的贸易和生产网络的瓦解，严重恶化了苏联的国际收支，并进一步加剧了生产收缩。苏联的主要贸易伙伴一直是经互会的成员国，民主德国等六国占到苏联外贸总量一半左右。贸易集中的背后是联系密切的产业链分工，经互会体制早在20世纪五六十年代就已向国际生产分工和协作方向发展，苏联的产业链条深度嵌套了不少东欧国家。更进一步看，东欧剧变对苏联产业链的冲击更像是一场预演。苏联产业链的单一性和分散性超乎想象，有80%的机器工业产品由单一的厂家供应，而苏联为加强区域联系又刻意分散了产业布局。随着1990年后苏联各加盟共和国自治运动的兴起，供应链条某一环节一旦受阻于政治障碍，势必引起多米诺骨牌式的崩溃反应，迅速蔓延至整个生产网络。

戈尔巴乔夫曾一度把筹措改革资金、解决经济危机的希望寄托于西方的慷慨援助，甚至不惜在政改和经改方向上迎合西方的要求。但戈氏多次向七国集团首脑乞求的结果表明，西方国家往往“口惠而实不至”，找出各种托词，始终不肯给苏联任何实质性的资金支持。相反，西方趁机落井下石，发起一轮血腥残酷的经济暗战，加速了苏联的经济崩溃。

油气出口对苏联维持财政平衡和社会稳定意义重大。到 20 世纪 80 年代，苏联一半以上的外汇收入靠石油出口，而一半以上的外汇支出用于进口粮食和食品。1981 年里根入主白宫后，就开始酝酿通过“逆向石油冲击”战略，施压欧佩克（OPEC）增产打低油价，制造苏联经济困难。正值西方高通胀盛行，美国授意沙特于 1985 年打响了一场惨烈的石油价格战，作为对戈尔巴乔夫上任的“贺礼”。沙特石油出口从不足 200 万桶 / 日猛增到每日近千万桶，推动国际油价从 30 美元 / 桶一路下跌至 10 美元 / 桶左右。加之西西伯利亚油田的老化、美国对西欧石油技术资本输出和油气进口的限制，苏联的石油红利迅速枯竭，石油产量在 1988 年后掉头向下，外汇储备锐减 2/3，以至后来不得不靠抛售黄金储备获得外汇。受此影响，苏联预算平衡、粮食和商品进口、外债偿还、军费拨款等均陷入了连锁窘境，而筹措支持经济改革的资金更无从谈起。

“完美风暴”的到来在推动苏联经济改革从社会主义到资本主义的换轨起到了重要作用。然而，危机并没有随着苏联解体和戈尔巴乔夫的下台而结束。在叶利钦夺取政权后，吞下“休克疗法”毒丸的俄罗斯迎来了长达十余年的寡头垄断、经济衰退和民众生活水准下降，依然在为苏联时期犯下的错误持续付出代价。

民族之殇

俄罗斯前总理盖达尔在《帝国的消亡：当代俄罗斯的教训》一书中把苏联的垮台视作20世纪最后一个世界性帝国的消亡。民族独立和地区分离问题是每一个领土辽阔、民族众多的帝国竭力隐藏的“阿喀琉斯之踵”。全盘接手了沙俄遗产的苏联同样如此，不得不面对如何治理近200个信仰、肤色、历史习俗各异的民族的棘手挑战，尤其是在作为主体民族的俄罗斯族仅占到人口一半左右的情况下。

与传统帝国奉行“大民族沙文主义”不同，以马列主义立国的苏联认同近代以来兴起的“民族自决”观念，认为民族解放是阶级解放和全人类解放的一部分，由此构建起一个由15个加盟共和国、20个自治共和国、8个自治区和10个自治州构成的庞大“民族联邦”体系，试图走出一条长治久安的新路。遗憾的是，苏联的解体表明，这种探索是失败的。

需要看到，苏联在发展民族经济文化、促进族群团结和融合方面做了很多有益贡献，如普及教育、男女平等、鼓励通婚、发展落后地区经济、促进文化交流等。但苏联的民族政策同样存在着种种问题，“没有民族共和国的建立，就不会有苏联的解体”。很多学者认为民族问题是导致苏联解体的最主要原因，对苏联的国家统一、苏联共产党和武装力量构成了毁灭性冲击。

苏联的民族政策诞生伊始，顺应了时代呼声，具有历史进步性。俄罗斯科学院阿列克谢耶夫院士指出，19 世纪末，俄国各民族的民族自决权意识增强，使布尔什维克将民族自决权原则写进党的纲领之中。十月革命胜利后，列宁颁布了《俄罗斯各族人民权利宣言》和《告俄罗斯和东方全体穆斯林劳动人民书》，提出苏俄各民族“享有自决乃至分立并组织独立国家的权利”。后来的苏联宪法同样确认了此项原则。正如苏联国歌所唱的：“伟大俄罗斯，永久缔联盟，独立共和国，自由结合成。”

需要指出的是，这一安排既有意识形态因素，也不乏实用主义考虑。苏联肇建之初，“民族自决权”是争取非俄罗斯族支持新政权、打赢内战的重要手段。俄罗斯、乌克兰和白俄罗斯能够成为联合国的“创始成员国”，不乏苏联对二战后国际体系权力争夺的考量。但无论动机如何，以民族自决和民族自治为核心的苏联民族政策在法理上得以确认，并在制度设计中得以体现，为日后的解体埋下了伏笔。不但苏联宪法规定了加盟共和国拥有主权和自愿加盟、自由退出的权力，而且最高权力机关最高苏维埃的结构也带有鲜明的民族特征，民族院的设置实质是按自治区域和民族身份分配政治权力。戈尔巴乔夫改革后的人民代表大会制度同样如此，2250 名人民代表中有 750 名是从民族地区定额选出。有学者指出，从 1985 年到 1991 年，一系列动摇苏联社会主义制度的立法能够频繁提出和顺利通过，一系列捍卫社会主义政权的坚决措施难以执行，与这种按民族划分政治蛋糕的做法密切相关。

尽管在实践中，苏共一直根据阶段性的需要不断调整民族政策，在很长时间都是采取了“形式上的联邦制，实际上的单一制”的做法。这种看似兼顾了道德权威和政权稳固的手段虽然实用，但并未堵上制度漏洞。一旦苏共的领导权威受到削弱，如戈尔巴乔夫推动的“新思维”改革，加盟共和国本来就合法的自由退出权便由虚转实，使“联盟”的解体变得难以避免。苏东剧变中，苏联、捷克斯洛伐克与南斯拉夫三个类似的国家都出现解体，并非巧合。

1986 年 12 月爆发的“阿拉木图事件”，为上台不久的戈尔巴乔夫敲响了警钟。哈萨克学生对其地区总书记人选变更的激烈反应，显示出苏联各地区已经形成很强的民族意识。其后“新思维”改革带来的突然宽松的舆论氛围，为民族主义的狂飙突进提供了良好的土壤，“民主化”“公开性”为民族分裂势力提供了极好的借口和机会，经济改革的失败也使民族排外主义大有市场。苏联民族矛盾迅速公开化，民族冲突事件不断发生。从 1987 年下半年起，被迁徙至中亚的鞑靼人掀起要求返回克里米亚的大规模示威，阿塞拜疆和亚美尼亚两个加盟共和国围绕纳戈尔诺—卡拉巴赫州地区（纳卡地区）归属问题发生多次流血冲突。1988 年 10 月，波罗的海三国独立诉求开始升温。1989 年 4 月和 7 月，格鲁吉亚爆发要求从苏联分离出去的大规模示威游行和社会骚乱。民族分离浪潮呈快速蔓延之势，与政治、经济、国际等因素互为影响，开始形成冲击苏联国家统一的滔天巨浪。民族主义的意识形态取代了马克思主义的意识形态，无论是改革派还是保守派，最后都被民族主义的浪潮所裹挟，“阶级的观念、全党一致的观念、国家的观念荡然无存”。

在这种情况下，许多地方共产党人极力表明自己的民族身份，拉开同苏共中央的距离甚至退党，成为一种“时尚”和“风潮”。从 1989 年 12 月 19 日立陶宛共产党宣布脱离苏共独立，到 1990 年 6 月 19 日俄罗斯联邦共产党成立，民族化被认为是苏共最后分裂的主要原因之一。多党制的实施进一步割断了维系多民族统一国家的纽带，各共和国新成立的各类政党多由民族主义组织演变而来。1990 年苏共二十八大后选举了新的中央政治局，已呈现出明显的民族化和地方化倾向。到1991年“8·19”事件前夕，苏共已在7个加盟共和国丢失了政权，彻底失去了对全苏局势的驾驭能力。

民族问题也成为外部势力瓦解苏联的天然抓手。由于苏联宪法规定加盟共和国享有形式上的“主权”，可设立包括“外交部”在内的“中央”政府，有权同外国发生外交关系、签订协定和互派外交代表和领事。美国驻苏大使马特洛克主张，可光明正大地与各个共和国进行交往，不用畏首畏尾。实践中，波罗的海三国和乌克兰成为西方策反的主要目标。利用苏联的经济困境，美欧以金援为武器，频频施压要求苏联在民族问题上让步。1991年立陶宛“一月事件”发生后，美英等国首脑及北约、欧共体领导人立即发表谈话，采取推迟美苏首脑会晤、中止对苏食品援助等措施，威胁对苏进行制裁，逼迫苏联撤回武力干涉。“8·19”事件后，美西方迅速承认宣布独立的加盟共和国，并提供大规模援助计划给予其信心。1991年12月8日的《别洛韦日协议》（《关于建立独立国家联合体的协议》）签订后，尽管它排除了当时的苏联中央政府和总统戈尔巴乔夫，但是没有一个西方国家质疑其合法性。

后来学者对此多有反思。尽管是出于战时中央政权对国家安全的担忧，但斯大林时代的苏联在民族问题上犯下的严重错误使得后来的苏联始终背负沉重“原罪”。赫鲁晓夫对斯大林的批判，其中一条就是二战时的民族迁徙政策，力度之大为世界罕见。波罗的海三国是被苏联借二战强行吞并，并非所谓的“解放”和“自愿归附”，这也是后来这三个国家率先挑起独立运动的重要原因。斯大林强制推行农业集体化，给乌克兰和哈萨克斯坦等地区造成严重的损失。民族“大搬家”贯穿整个斯大林时代，1937—1944年间，包括波兰人、朝鲜人、日耳曼人、卡尔梅克人、鞑靼人在内的共20多个少数民族，约440万人被强制迁移，相应的自治共和国被撤销。这些“被惩罚民族”后来返回家园的斗争成为苏联解体的导火索，也是如今独联体地区族际关系紧张和冲突的根源。

面对这样一个“烫手山芋”，日益官僚化的苏共高层没人敢承担责任，连带与“民族政策有关的所有事务”都成为敏感话题，民族问题的长期性和复杂性被刻意无视并掩盖。1972年，勃列日涅夫在庆祝苏联成立50周年大会上称，“民族问题已经一劳永逸地解决了”。可事实上，到戈尔巴乔夫上台前，苏联的民族问题已到了积重难返的地步。这种选择性漠视与盲目乐观的做法不但导致理想中的“新型人类历史共同体——苏联人民”的国家认同始终难以形成，而且造成怨气持续堆积，直到每一个民族“都不满意”。

在强化中央集权、分而治之的基础上，苏联机械地将民族问题等同于阶级问题，无视国内日趋严重的人口再生产失衡和民族隔阂，未能制定符合国情的多民族经济社会发展规划，而是“头痛医头、脚痛医脚”，片面加大了对民族落后地区的经济让利，结果事与愿违。正是苏联大力培养的一批民族精英，成为推动苏联解体的强大力量，与“民主派”、腐败官僚合力成功“埋葬”了苏联。

更意想不到的是，由于俄罗斯联邦承担了联盟开支的主要部分，为其他共和国输送了大量资金、能源和商品，使不少俄罗斯人自认为成为少数民族的“奶牛”和被民族优惠政策歧视的“二等公民”，俄罗斯族作为主体民族的民族意识也开始萌发。叶利钦能够上台，和他坚决主张维护俄罗斯族权益，竖起“复兴俄罗斯”的民族主义大旗密不可分。“1991 年的苏联和俄罗斯，就像一个人和他的影子，自己在和自己搏斗。”当主体民族把一手建立的体制弃若敝履，把其他民族地区视作自身发展的拖累，苏联的解体已经不可避免了。俄学者弗多文在《二十世纪的俄罗斯族人》一书中指出，俄罗斯族与这个国家的疏离，是苏联解体的一个“最重要的原因”。

1990 年 6 月 12 日，俄罗斯最高苏维埃以压倒多数通过了俄罗斯联邦的《主权宣言》，“改变了遍及所有共和国的民族主义冲动的性质”，其他加盟共和国纷纷跟进效仿。于是，“可以看到历史上最奇特的现象，俄罗斯和其他 14 个加盟共和国一起，手挽手肩并肩，将矛头对准他们共同的敌人和压迫者——苏维埃联盟”。1991年12月明斯克会晤和《别洛韦日协议》的签署成为苏联解体的标志性事件，三个斯拉夫民族——俄罗斯、白俄罗斯和乌克兰“共饮香槟酒，以示庆祝（分手）”（乌克兰总统克拉夫丘克语），亲手肢解了这个斯拉夫人主导的国家，历史的吊诡莫过于此。

美国的苏联问题专家、曾任中央情报局局长的盖茨这样总结苏联解体的原因：“最终不是经济加速了苏联的崩溃，尽管它确实起了很大的作用，而是各个民族的决心加速苏联的崩溃，特别是乌克兰人，最后是俄罗斯人本身放弃了苏维埃体制和联盟政府。”

最后挣扎

并非所有人都对局势的恶化无动于衷。1991年8月19日，震惊世界的“8·19”事件爆发，可视作苏联国内反对势力“救亡图存”的“最后一次尝试”。然而，此时的挣扎对早已泥足深陷的苏联来说，反而加速了它的覆灭。政变在短短三天内就宣告失败，粉碎了苏联在松散体制下维持一体的最后希望，苏联解体自此进入倒计时。

“8·19”事件的领导人均为苏共党内的强硬派成员，包括苏联的副总统、总理、国防部长、内政部长、克格勃主席和苏联国防会议副主席等。政变的起因，除了对戈尔巴乔夫激进改革严重动摇苏共执政地位的不满，还在于对国家分裂的担忧。1991 年 1 月，苏联武力干涉立陶宛独立未果，反而刺激立陶宛独立公投取得 90% 以上民众的支持。政变前夕，戈氏正在消化 3 月苏联全民公投的结果，与各加盟共和国商签新的联盟条约，拟使苏联成为“共有一个总统和相同的外交和军事政策的众多独立共和国组成的联邦”。

政变的想法早在 1990 年底就开始萌生，但政变者们一直到新联盟条约签订的前夕才下定决心，而且似有泄露迹象，雅科夫列夫在政变开始数天前就发出警告。尽管事后各方对正在克里米亚福罗斯别墅度假的戈尔巴乔夫当时是否授权还是遭到软禁各有说法，但在 8 月 18 日苏联国防会议副主席巴克拉诺夫等人飞去与戈尔巴乔夫会面后，政变者们开始在克里姆林宫聚集，并于 8 月 19 日上午 6 点正式发动，宣布国家进入紧急状态，发布《告苏联人民书》，成立国家紧急状态委员会。副总统亚纳耶夫以“戈尔巴乔夫生病不能履行总统职责”为借口签署行政命令，任命自己为苏联代理总统。

但谁也没有想到，这场以绝对强势开头的政变竟会如此虎头蛇尾，很快以流产告终。这些掌管着内阁政府、国防委员会、国防部、内务部、克格勃等主要国家机器和强力部门的政变者们并未采取太多行动，仅在第一天下午召开一次记者招待会，前后发表了三个通告，第二天酝酿的武力清场很快“胎死腹中”，第三天就被叶利钦和戈尔巴乔夫联手扳倒了。政变者准备的25万副手铐、30万份逮捕表格和腾空的监狱被用在了自己身上。

除了政变领导者的优柔寡断，这次政变暴露出苏共失去对军队控制的残酷现实。此前立陶宛“一月事件”中就有军队哗变调转枪口，此次也不例外。19日当天，军队开进莫斯科，一个受命控制叶利钦办公地“白宫”的塔曼步兵师坦克营宣布向叶利钦效忠，叶利钦爬上其中一辆坦克车并发表演讲，成为这场政变一个经典画面。20日，紧急状态委员会一度计划对民众聚集的“白宫”附近武力清场，但受命执行的部分部队，如克格勃特种部队阿尔法小组和维姆佩尔组等保持了中立，伞兵部队的两个主官格拉乔夫和列别德暗中已被叶利钦说服，进攻还未开始便宣告夭折。得知这一情况后，国防部长亚佐夫命令部队撤离莫斯科，实际上命令发出之前军队已开始自行返回。这场政变中，只有德米特里·科马尔等三人因试图阻挡坦克被杀，后被戈尔巴乔夫授予“苏联英雄”称号。这三位苏联史上最后的“英雄”，获此殊荣的原因却是阻止了一场旨在拯救苏联的政变，堪称黑色幽默。

军队在这场政变中的表现充分反映了党失去枪的严重后果。“8·19”事件表明，从高级军官到普通士兵，在苏联“新思维”改革带来的意识形态危机和民族主义洪流中，同样陷入思想混乱、立场摇摆、力量削弱的境地，已远不是成立之初牢牢掌握在苏共手中的强大武装了。根据国防部命令进入莫斯科的军队，从指挥官到单车单兵，缺乏统一指挥，各有立场，对紧急状态委员会的命令糊弄了事。部队的组织性和纪律性也涣散不堪，军官不按命令行动、士兵耽于游乐嬉戏，擅自脱离队伍的情况屡见不鲜。

这支曾令人畏惧的武装力量未能成为苏联解体的“最后拯救者”有多方面原因。一种解释是受政治和民族等因素影响，苏联军队自身开始分裂。在“8·19”事件之前，苏联军队先后介入哈萨克斯坦（1986 年）、格鲁吉亚（1989 年）、阿塞拜疆（1990 年）、立陶宛（1991 年）等地的冲突，成为戈尔巴乔夫推卸责任的主要“背锅者”，形象日益负面，士气低落。与此同时，苏联社会中长期存在的民族矛盾在军队中有所反映。随着苏联后期斯拉夫人出生率的下降，来自中亚和高加索地区的士兵越来越多，致使军队中民族问题愈演愈烈，拉帮结伙开始出现政治色彩。起于波罗的海三国后蔓延至全国的拒服兵役运动，更是加剧了苏联军队的分裂危机。在苏联解体的最后几年，由于没有足够新兵，苏军大多数部队都不满编。对应的是，各加盟共和国开始大肆招募本地失业或退伍人员，相继组建独立的武装组织，力图将军队民族化、地方化。从 1989 年到 1991 年，随着民族独立运动的兴起，波罗的海三国、南高加索地区和乌克兰都建立了各种形式的战斗部队或民兵组织。在 1990 年 1 月的“巴库事件”中，国防部长亚佐夫估计，和苏军对抗的“阿塞拜疆人民阵线”的战斗队员有 4 万人。

戈尔巴乔夫的新军事思想和体制改革也使苏联军队的实力备受打击。1985 年，苏联军队是当时世界上规模最大的军队，有将近 600 万现役军人和 2500 万后备军人。为了树立改革者形象、实现与西方关系缓和，戈氏积极推动苏联由传统的进攻型军事政策向防御型政策转变，对军队的改革从削减军费和裁军开始。1988 年 12 月，苏联单方面宣布裁军 50 万，接着宣布从东欧撤回大量驻军。从 1989 年到 1991 年，苏联经历了一次大裁军和大换防的过程，涉及的军队人数在百万以上，而裁军的过程却严重缺乏计划性和管理能力，引发军队组织混乱和社会强烈不满。

腐败同样在军队中快速蔓延。部队被当作免费劳动力服务高级军官的享乐活动十分普遍，军事设备和武器的盗窃和买卖异常猖獗。普通士兵和低级军官报酬低微，伙食质量很差，许多人不得不缩短军事训练时间，去从事农业收割工作。1990 年苏军擅自离队人数陡增至 3 万多人。而且，受到苏联日益严重的经济危机影响，军工产业和部队保障也出现实际困难，战斗力受到严重影响。不仅陆军等常规兵种面临严峻的人员和物资短缺困境，空军、海军和战略导弹部队也出现供给不足、运行不畅的情形。

由于苏共“丢了枪”的无能表现，激进民主派和地区分离派彻底安心，无所顾忌，开始撕下最后的伪装。政变结束三天后，时任俄罗斯总统叶利钦签署总统令，宣布苏联共产党为非法组织并限制其在俄罗斯境内的活动。戈尔巴乔夫辞去苏联共产党总书记职位，要求苏共中央自行解散，各共和国内的共产党和地方党组织自行决定自己的前途。至此，苏联共产党丧失了74年的执政党地位。

解体的命运接踵而来，各加盟共和国掀起独立浪潮。1991年8—10月，先后有乌克兰、摩尔多瓦、阿塞拜疆、吉尔吉斯斯坦、亚美尼亚、土库曼斯坦等加盟共和国宣布独立。12月21日，十一国领导人在阿拉木图聚会，通过《阿拉木图宣言》，宣布独联体正式成立和苏联停止存在。12月25日，戈尔巴乔夫宣布辞去苏联总统职位，锤头和镰刀红旗自克里姆林宫降下，取而代之的是俄罗斯三色旗，苏联不复存在。

尘埃落定之后，一切却并未归于平静。苏联的解体，并不意味着悲剧的终结，反而拉开了一系列灾难的序幕。“兄弟”变成“仇雠”，战争与冲突此起彼伏：塔吉克斯坦独立后旋即陷入内战，阿塞拜疆和亚美尼亚的“纳卡战争”全面爆发，德涅斯特河左岸地区冲突不断，俄罗斯发起两次车臣战争。2008年的俄格战争、2014年的克里米亚危机和2020年的纳卡冲突更是表明，苏联解体带来的地缘“余震”恐仍将在较长时间内持续发酵，成为欧亚地区政经格局的重大不确定性因素。“休克疗法”将国民经济拖入深渊，经济转型前路漫漫：到20世纪末，俄罗斯GDP

较解体前下降超过 50%，经济规模甚至不如马来西亚，贫富分化急剧拉大，寡头垄断关键行业，通胀率居高不下，陷入债务危机。直到 2007 年左右，俄罗斯经济才刚刚回到苏联解体时水平，但此时已患上严重依赖油气出口的“荷兰病”，随后又受金融危机、美欧制裁等影响出现“原地踏步”。除波罗的海三国外，整个苏联地区的独立国家几乎都面临资源诅咒的困扰和经济转型的难题，迄今没有找到很好的解决办法。因此，当“永远的异见者”、《古拉格群岛》一书的作者索尔仁尼琴于 1994 年远东登岸，坐火车自东向西横穿全俄时，目睹着故土的满目疮痍，开始怀念他曾经无比憎恨的苏联，痛心疾首地指出 20 世纪 90 年代是俄罗斯历史上的三个“乱世”之一，俄罗斯走上一条“最曲折、最痛苦、最荒谬的道路”。

以史为镜，可以知兴替。苏联解体是社会主义发展过程、实践过程的一次重大挫折，留下了很多深刻醒目的经验教训。通过留下的大量记录文字和影像、一系列解密的绝密档案和外交电报以及戈尔巴乔夫、叶利钦等一批当事者的回忆和采访，历史的细节或许逐渐清晰，但对苏联社会主义事业的评价和解体原因的追问反思依旧众说纷纭。站在“百年未有之大变局”的历史关口，回顾 30 年前的风云变幻，对苏联解体的再思考，应当超越对历史隐秘细节、风云人物心路历程的探究，不再纠结于对戈尔巴乔夫等所谓关键人物的指责、感叹，而是要认真反思苏联模式这一社会主义失败探索所暴露出的诸多制度性漏洞和方向性错误，充分吸取苏联解体的惨痛教训，清醒认识到苏联“亡党亡国”的灾难性后果，“以追来世”“以儆后者”。这对我们全面实现建设社会主义现代化强国的百年目标，推动中华民族伟大复兴行稳致远，才更具现实意义。

参 考 文 献

1 [俄] E.T. 盖达尔著，王尊贤译:《帝国的消亡——当代俄罗斯的教训》，社会科学文献出版社 2008 年版。

2 [俄] 瓦列里·季什科夫著，姜德顺译:《苏联及其解体后的族性、民族主义及冲突》，中央民族大学出版社 2009 年版。

3 [俄] 尤·杜比宁著，王仲宜译:《巨变的时代——前苏联大使杜比宁驻美札记》，东方出版社 2010 年版。

4 韩克敌:《民族问题苏联之殇——再谈苏联解体的原因》，《俄罗斯东欧中亚研究》2013 年第 6 期。

5 陈之骅、吴恩远、马龙闪:《苏联兴亡史纲》，中国社会科学出版社 2016 年版。

6 冯绍雷主编:《苏联解体的原因及思考》，时事出版社 2013 年版。

7 肖枫:《苏联解体我的解读》，中共中央党校出版社 2011 年版。

8 叶书宗:《勃列日涅夫的十八年》，人民出版社 2013 年版。

9 李慎明主编:《苏联解体——二十年后的回忆与反思》，社会科学文献出版社 2012 年版。

10 陈爱茹编:《苏联解体之争》，中国社会科学出版社 2013 年版。

7

第七章

日本的两次崛起是如何被打断的

明治维新以来，日本汲取各国先进思想和技术，“脱亚入欧”，实现首次崛起，但此后迅速走上对外扩张之路，最终以战败黯然收场。二战后，日本卷土重来，以和平方式实现“经济赶超”。然而好景不长，内忧外患导致日本经济泡沫破裂，经历了“失去的十年”的长期经济低迷。其间，美国利用日本对其政治、军事及经济的依赖，以贸易、金融等综合举措有效消解了来自日本的挑战，日本的二次崛起再次被打断。

走上对外扩张邪路

1853年，为开辟太平洋航线和抢占东方市场，受第十三任美国总统米勒德·菲尔莫尔派遣，东印度舰队司令佩里率4艘漆成黑色的军舰驶入日本江户湾（今东京湾）。佩里要求幕府接受美国总统国书，威胁若日方不受理，舰队将开进江户与将军直接谈判。日本国内对于选择“开国”还是开战一度展开激烈的争论。几千年来，日本一直向中国学习，但1840年中国在鸦片战争中败于英国，给日本带来前所未有的冲击，也让日本对西方的实力有了新的认知。

日本幕府最终被迫接受了美国的“开国”要求，于1854年3月签订了历史上第一份不平等条约——《日美亲善条约》。继美国之后，俄国、英国、法国和荷兰等国也借机进入日本市场。和当时许多亚洲国家一样，开国后日本迅速成为西方商品的倾销市场和原料供应地。开国仅仅半年，日本就流失了约100万两黄金，造成国内经济低迷，民怨四起。美国黑船压境凸显幕府的软弱无能，来自西方的外部压力最终转变为内部变革的动力，武士们以“王政复古”的名义，推翻了统治日本长达265年的德川幕府，转而扶持刚刚登基的明治天皇。

在如何应对外部威胁的问题上，当时日本形成了分别以福泽谕吉和冈仓天心为代表的两大思潮，这两大思潮同时也代表了对于日本国际身份认同的不同思路。福泽谕吉提出了其后广为人知的“脱亚入欧”论：“我国不可犹疑，与其坐待邻国之进步而与之共同复兴东亚，不如脱其行伍，而与西洋各文明国家共进退。”而冈仓天心则将视线集中于东亚，在《东洋的觉醒》中提出“亚洲一体”的建议，强调东亚社会要团结一体抗拒西方入侵。其后的发展表明，两种思潮中“脱亚入欧”论显然占据上风，其影响也更为强大与深远。

1868 年 4 月 6 日，明治天皇颁布《五条誓文》，推动国家变法图强，要“求知识于世界”，成为日本现代化的起点。1868 年 7 月，新政府宣布改“江户”为“东京”，将其定为日本首都。同年 10 月 23 日，定年号为“明治”。

明治政府派出由右大臣岩仓具视率领的庞大使节团，从 1871 年 11 月到 1873 年 9 月对欧美国家进行访问。使节团考察报告提出的“殖产兴业”“富国强兵”和“文明开化”成为明治维新的三大基石。“殖产兴业”就是效法英国，大力发展工业和对外贸易；“富国强兵”就是效法德国，优先发展军事工业和扩充军备；“文明开化”重点是加强教育，强制推行小学义务教育。

岩仓使团的副团长大久保利通自称为“东洋俾斯麦”，回国后成为主导日本工业化进程的核心人物。大久保利通推行的是“统制主义经济模式”。这一模式有别于自由主义经济发展模式，是在保留资本主义基本性质的前提下，改变经济运行的方式，使国家成为主导力量，从而让工业化以超常规的速度腾飞。

明治维新一方面推动了日本工业化和近代化的步伐，使其成为亚洲首个实现工业化的国家，另一方面也催生了军国主义，日本国家战略也逐步从通过改革促发展转变为通过战争促扩张，走上了通过战争加快对外扩张的不归路。

继赢得中日甲午战争后，日本于1905年取得日俄战争的胜利，这是欧洲国家在现代首次被亚洲国家击败。1910年，日本又吞并朝鲜，自此后其扩张野心不断膨胀，为推进“大陆政策”加速发动侵略战争。1931年，日本发动“九一八”事变，侵占中国东北；1937年，日本挑起卢沟桥事变，开始全面侵华。1940年，日本与德国、意大利签订条约，结为军事和经济同盟。日本妄图以此为保障，打通南进之路，称霸东亚。

面对日本“爆棚”的扩张野心和侵略战争，远在太平洋另一侧的美国并未袖手旁观。为维护自身在东亚地区的利益，美国一方面加大对日本的经济封锁，实行全面石油禁运，冻结日本在美资产，另一方面与英国签署被日本视为宣战书的《大西洋宪章》。

日本的回应则是故技重施，像1904年不宣而战进攻旅顺港打响日俄战争一样，在1941年12月8日偷袭珍珠港，引爆太平洋战争。珍珠港遭袭彻底激怒了美国，而以美国丰富的资源和高效的生产，一旦进入战争状态，生产优势突出。例如，珍珠港灾难使美国在太平洋仅余3艘一线航空母舰，但短短两年之后，美国的航母数量就猛增至50余艘。

1942年6月，日本在中途岛海战中惨败于美国，战局逆转。8月7日，美国海军陆战队在瓜达尔卡纳尔岛登陆，迈出了通往东京的第一步。1945年8月6日和9日，美军分别在日本广岛和长崎投下原子弹，日本军国主义依靠武力称霸太平洋和印度洋的企图彻底失败。8月15日，日本昭和天皇裕仁通过广播告知日本国民“终战”的消息。1854年，日本不战而降，向美国佩里将军打开国门；大约100年后，1945年9月2日，经过一场由日方挑起的惨烈战争，在死亡约300万人后，日本再次向美国投降。这一次是麦克阿瑟将军在停泊于东京湾的美国“密苏里”号战舰的甲板上，主持了日本的投降仪式。

“重建”被美国扶持

美国在日本战后初期的重建中发挥了主导作用。从1945年9月2日日本签署投降书，到1952年《旧金山和约》生效的大约7年里，日本一直被置于以美军为首的盟军占领之下。其他盟国虽也参加了由十一国组成的远东委员会，但是该机构未能充分发挥作用，由最高司令官麦克阿瑟指挥的盟军总司令部才是对日占领的实施机构。

为了断绝日本为复仇而再度对美国发动战争的“后患”，盟军司令麦克阿瑟将“政治民主化”和“非军事化”作为“改造日本”的两大原则，拟从内政和外交两方面根除日本旧军国主义体制，推动日本走向民主与和平。在长期对外侵略扩张以失败告终、广岛和长崎被原子弹炸为焦土的情况下，民主化与非军事化的对日政策很快就被日本国民接受。

战后初期，“和平主义”一度成为日本社会的主流思潮，反战厌战的国民情绪至今依然对日本政治有着较大的影响。在此背景下，当时的吉田茂内阁为日本的战后重建规划出一条“重经济、轻军事”的“吉田路线”，客观上为日后实现“日本经济奇迹”奠定了基础。

不过，美国对日本的“改造计划”并没有被完全落实。随着国际形势的变化，特别是在冷战爆发以及中华人民共和国成立后，美国迅速调整了对日政策，从对日本进行“遏制”转为了“扶持”。美国认为，一个快速发展、经济繁荣的日本能够遏止共产主义的扩张，希望在东西方冷战体制下，尽快将日本纳入西方阵营。

一方面，美国大大放松了对日本财阀进行解体的力度。“解

< 1945年9月2日，梅津美治郎在『密苏里』号军舰上签署投降文件

散财阀”曾是战后初期美国对日推行“民主化”改造中的核心经济政策之一。美国认为战前日本的社会经济具备封建性和垄断性，以财阀、地主为中心的经济支配阶层掌握了大部分财富，在二战中为日本政府提供武器及经济后援，成为“促成战争的经济基盘”。同时，财富的聚集也导致多数劳动者生活窘困，这也催生了日本的军事扩张和对外冒险主义。因此，为防范日本的军事扩张死灰复燃，就必须分解财阀、地主的财富，将其重新分配。以三井和三菱为例，美国原本计划将这两家财阀分别拆解成200余家和130余家相互独立的公司，以削弱其经济支配力和市场支配力。但最终的结果却是，对它们的拆分半途而废，三井、三菱等战前的财阀披上“企业集团”的外衣，在战后摇身变为“三井财团”“三菱财团”，时至今日仍对日本的经济和政治产生着重要的影响。

另一方面，美国还大幅削减日本的战争赔偿。1948年2月的“斯特瑞克报告”以及同年5月的“詹斯顿报告”，都大幅调低了赔偿力度，最终日本整体赔偿物资仅相当于1945年12月战争结束之初出台的“鲍莱方案”的7%，约合1.6亿日元。此外，美国还在朝鲜战争中从日本采购了大量的军需物资。这被日本人视为“朝鲜特需”，为日本摆脱战后初期的经济萧条发挥了重要的作用。在美国的大力扶持下，日本获得了十分优越的外部环境，得以全力发展经济。

日本自身也制定了符合当时国情的经济政策。通商产业省发挥战前的工业积累和比较优势，积极“培植新的工业和技术发展项目，同时有步骤停办陈旧衰败的工业”。日本一方面实行鼓励个人高额储蓄的财金政策，以实现内部资本积累；另一方面利用美国的“核保护伞”，抑制防务开支，将资金集中用于发展经济。日本原有的工业基础得到恢复，受到良好教育的民众的潜力和决心被引导到商业活动中来。此外，日本社会的凝聚力较高，员工工作勤奋，对公司忠心耿耿，主张通过妥协和谦让调解劳动纠纷，迅速形成支持经济重新崛起的合力。

1952 年，美国结束对日本的占领。到 1955 年左右，日本经济仅用了 10 年时间就恢复到战前水平。20 世纪 60 年代，日本经济进入高速增长时期，被称为“战后奇迹”。1956—1973 年间，日本经济年均增速为 9.3%；1975—1991 年间，年均增速为 4.1%，远高于其他工业化国家。从 1946—1976 年，30 年间日本经济规模增长了 55 倍。1960 年 12 月，日本池田内阁提出“国民收入倍增计划”，计划从 1961 年开始的 10 年内使国民收入翻一番，这一计划在 1967 年就提前实现，1973 年国民收入再次翻番。随着城市化比重的提升，日本形成了庞大而相对稳定的中产阶层。在第一次和第二次石油危机期间，日本经济也保持了良好的发展态势。

1964 年，日本加入经合组织（OECD）并接连举办东京奥运会和大阪世博会。1968年，日本GDP总量超越德国，成为了仅次于美国和苏联的全球第三大经济体。70年代，在美欧因陷入滞涨导致经济长期萧条之时，日本又率先走出石油危机的泥潭，并在1985年成为全球最大的债权国，可谓“强势崛起”。1960—1980年，日本的人均GDP从479美元猛增至9465美元，增长了约18倍。1987年，日本的人均GDP首次超过了美国，并一度跃居OECD成员国的首位。

“膨胀”被美国扼制

经济繁荣使日本的政客们战略野心膨胀。他们已不甘心只做经济大国，宣称要搞“战后政治总决算”，扬言要做“政治大国”，甚至谋划构建“日美欧三极体制”，摆出了一副要与美国和欧洲平起平坐“共主天下”的架势。也正是在这个时期，日本的社会风气开始转向，舆论对美国肆意地高呼“日本可以说不”，财界豪横地砸钱叫嚣“买下整个纽约”，美国衰退论、美元崩溃论甚嚣尘上，几乎所有的日本人都坚信“日本时代”即将来临。

1979年，美国哈佛大学教授傅高义出版《日本第一：对美国的启示》一书，其副标题是“对美国的启示”，认为美国等西方国家要向日本这样的东方国家学习。傅高义指出，1960年当他首次访日归来时，从来没有怀疑美国社会和制度总体上的优越性。但 1975 年当他再次访日后，却开始质疑“美国究竟是怎么搞的”？“得天不厚”的日本，怎么能把美国人都束手无策的一大堆问题处理得这样头头是道呢？但傅高义同时也担心，美国常对西方文明的优越性引以为豪，总认为自己是世界第一，很难老老实实地承认东方国家在实际问题的处理上有什么可借鉴之处。

膨胀的日本已令美国深感不安。正如美国著名政治学家罗伯特·基欧汉所言，二战后美国对日本等盟国之间进行的是“不对称合作”。出于战略利益的考虑，美国的外交政策强调利用经济利益换取盟国在政治、外交和战略上的合作。美国在国际贸易领域削减关税、率先取消歧视性限制举措，却容忍日本和德国等国保留贸易保护措施。美国认为日本的成功是在其护航下取得的，随着日本在贸易等领域对美国的威胁增大，美国不再容忍日本的不对等开放政策，对日本发动了一波又一波的“贸易战”。

美国对日本采取了步步紧逼的策略。一开始，美国要求日本减少对美国的出口，以保护自己的传统产业。20 世纪 60 年代，美国将欧洲和日本视作竞争对手，开始重视逐渐扩大的对日贸易赤字，日美接连在纺织品、钢铁、电视机、汽车及零部件等领域产生摩擦。这一时期，美国以保护传统制造业为主，打着“国际协调”的旗号下调美元汇率；日本则主要通过“自主出口限制”，并允许日元升值，主动减少对美出口。

纺织品领域，时任美国总统尼克松在总统选举中明确提出了“限制纺织品进口”的口号。尼克松赢得大选上台执政后，便立刻威胁要限制从日本进口纺织品。1969年，虽然日本的纺织品只占美国进口的2%，但尼克松为兑现竞选承诺，执意将日美纺织品摩擦与归还冲绳问题挂钩，迫使日本最终不得不同意自主限制纺织品对美出口。这在当时一度引起日本国民的强烈不满，甚至被日本媒体讥讽为“卖线买绳”。

汽车及零部件是美国施压日本的另一重点领域。20世纪60年代，美国实行低汽油税，消费者喜欢购买大型轿车，因此与生产小型轿车为主的日本汽车产业并没有形成竞争。到了1979年，在石油危机冲击下，美国汽油价格高涨，小型轿车的市场需求显著上升。生产成本低而且具备节油优势的日本汽车厂商开始进军美国，市场份额迅速攀升。此时代表美国汽车业的全美汽车工会强烈要求保护美国汽车市场。美国政府随即与日本谈判，要求日本限制汽车对美出口。美国国际贸易委员会提出紧急进口限制措施，1981年5月签订了《日美汽车贸易协议》，规定日本从1981年4月至1982年4月对美汽车出口限制在168万辆以内。此后日本汽车厂商通过扩大对美投资规避出口限制，摩擦转向零部件领域。美国的要求也变本加厉，从自主限制升级为定向购买美国产品。1992年布什总统访问日本，双方达成关于零部件问题的协议，规定到1994年日本需购买价值达190亿美元的美国制造的汽车零部件。

接下来，美国开始要求日本取消自身贸易壁垒，希望能够打开封闭的日本市场，扩大美国对日本的出口，并维系美国战略性产业的优势地位。美国对日本启动了“市场导向的个别领域谈判”（MOSS谈判），分别在“美国虽然具有竞争力，但难以扩大对日出口”的电信、医药和医疗机械、电子、林业产品四个领域，要求日本降低市场准入标准，扩大从美国的进口。

日美半导体摩擦也是在这一背景下爆发的。美国将半导体视为战略性产业，认为其关乎能否维持美国在军事和航空航天等领域的优势，而日本的半导体产业强势崛起让美国感到其战略利益遭受了威胁。于是，美国半导体产业联盟和重点企业联合向政府提出对日本的“301调查”申请，并提供了“相应证据”，促使美国开启了对日本半导体领域的制裁。最终，美国迫使日本与其缔结了《日美半导体协议》，要求日本政府监测半导体产品的出口价格，并确保美国半导体产品在日本至少占有20%的市场份额。此后，日本的半导体行业由盛转衰。

到了80年代后期，日本已将自身的主要关税率下调至发达国家的最低水平，除农业外，多个工业品领域已经实现了零关税。但是，日本仍保有大量“看不见”的非关税壁垒，而且商业习惯也与西方差异较大，从美国的进口难以大幅提升，这导致了美国对日贸易赤字的规模非但没有减少，反而又呈现出逐步扩大的趋势。与此同时，日本不再掩饰其狂妄心态，这使得美国日益警觉，甚至罕见地将意识形态作为武器瞄准了自己的盟国日本。

美国社会开始出现“日本异质论”，认为日本的“国家资本主义”式发展模式不符合美国“自由主义”的道德标准，甚至将其定义为“资本主义的异类”。美国的战略界也对“日本成为第一”充满了警觉和不安。于是，20 世纪 80 年代后期到 90 年代，美国对日本相继启动了“日美结构性障碍协议”和“日美经济框架对话”，将对日本“攻击”的目标扩大到金融、汇率、资本市场、商业习惯等领域，提出一系列具体的数量目标要求日本“改弦更张”。最终，日本对美国的要求几乎全盘接受。这导致重视计划性和秩序性的“日本模式”被破坏，而崇尚自由化和民营化的“美式标准”则在日本水土不服，“日式资本主义”在崛起途中黯然失败。

现在看来，当年美国之所以发动对日本的一系列贸易战，理由显然不是其自己所宣称的“化解对日贸易赤字”那么简单，这不过是美国敲打日本的一个借口罢了。美国对日贸易赤字的根本原因在于两国投资储蓄结构的不平衡。二战后，美国拥有绝对的经济优势并建立起美元霸权，加之自然资源丰富、教育及社保体系完善等因素，国民养成了高消费、低储蓄习惯。而日本则是资源能源匮乏，崇尚“重商主义”，国民储蓄率长期保持在 30% 以上。美国解决对日贸易赤字应该是从自身出发，提升本国的储蓄率，控制财政开支，避免过度消费。但美国却无视自身问题，一味归咎于日本，要求日本单方面调整政策。

从结果来看，日美贸易摩擦延续近 30 年，虽然经历了多轮磋商与谈判，也达成了诸多协议和共识，但美国对日贸易赤字的结构并未改变，并延续到了今天。自 1971 年美国对外贸易首次出现赤字以后，美国对日贸易赤字在其全部赤字中的占比就不断攀升，并在 1991 年达到 65.1% 的峰值。其后，该比例虽有下降，但美国对日贸易赤字的份额也仅是被其他新兴经济体取代，美国对外贸易整体大幅逆差的结构仍然没有改变。20 世纪 90 年代末，日美贸易摩擦逐渐销声匿迹。与此同时，2000 年中国首次取代日本成为美国的最大逆差国。日美贸易摩擦并未得到解决，只是被新出现的中美贸易摩擦所掩盖。

泡沫破灭与艰难前行

20 世纪 80 年代末至 90 年代初，正当日本由经济人国试图向政治大国迈进之际，其经济出现严重泡沫化并随之崩溃。这不仅严重破坏了日本的经济发展进程，导致其由“稳定增长”陷入“长期萧条”，更直接阻断了日本的国家崛起进程，使之遭遇“失去的十年”，国际地位一落千丈。日本经济泡沫的产生及破灭，当然有日本政府战略自信膨胀、过度低估风险、宏观调控失败等原因，但美国挥舞霸权主义大棒，以“国际协调”为名对日本制定经济政策施加干扰、对日本的经济发展模式发起攻击，也是不可忽视的重要因素。

一般认为，日本经济自1986年起开始出现泡沫。经济泡沫产生前，日本正处于发展的鼎盛期，而这一时期也是日美贸易摩擦的高峰期。进入20世纪60年代以后，随着日本经济高速增长，率先克服石油危机，再度崛起之势显现，美国开始担忧对日本“失控”从而引发同盟体系生变，丧失全球霸主地位。在此背景下，美国不但逐步升级对日本的“贸易战”，还在汇率、金融、产业政策等其他众多领域对日本发起了全面攻击。

汇率方面，1985年美国迫使日本签署“广场协议”，导致日元在1年内大幅升值超过30%，对日本的出口造成巨大冲击，使日本经济一度遭受“日元升值萧条”。为了避免经济增长失势，快速提振景气，日本银行（日本央行，简称“日银”）在仅仅1年左右的时间里连续5次降息，将再贴现率由1986年1月的5%急降至1987年2月的2.5%。超低利率导致货币供应量增幅连续9个月超过10%，造成日本国内市场的流动性严重过剩，大量热钱涌入股市和楼市，经济开始泡沫化并且不断膨胀。

1986年底，日本经济明显开始复苏，日银也对资产价格的疯狂上涨发出了警告。日银在1987年初的调查月报中明确指出，“对股市和房地产的投机期待一旦破灭，恐引发严重的通缩危机”，释放出有意收紧货币政策的信号。然而，美国未等日银调整政策，便“先下手为强”。1987 年 2 月，美国要求日本与其签署“卢浮宫协议”，以“稳定汇率”为名，要求日本降低利率“协助美国防止美元过度贬值”，以便维系“强势美元”。据日本著名经济学者野口悠纪雄称，时任日本藏相竹下登为了捞取足够政治资本、赢得首相宝座，迫切希望获得美国的支持，从而对美国的要求“言听计从”，导致日银错过了政策调整的最佳时机。直至 1989 年 5 月，2.5% 的日本战后最低利率“异常”持续了 2 年多。

金融政策方面，过急过快地推行金融自由化是催生日本经济泡沫的重要原因。20 世纪 80 年代前，日本采取严格的管制措施，约束企业竞争，形成了间接融资占主导、分业经营的金融体系。这样的金融体系适应了当时日本产业资金不足的实际，支撑了日本经济的高速增长。80 年代后，日美矛盾升级，美国以金融自由化为名，迫使日本改革金融体制，服从美国规则。一方面，美国财政部与日本大藏省成立美日“美元日元委员会”，通过谈判不断向日本施加压力，强迫其拟定详细的日本金融市场自由化计划，迫使日本开放金融市场。另一方面，美国为日本描画“日元国际化”大饼，引诱日元升值、吸引日资入美救市。重压之下，日本国内“倒逼改革”呼声四起，政府也急于提升日元地位，顺势大幅改革金融体系，放松对利率、外汇和金融机构业务范围的管制，加快推进资本市场自由化。

但是，日本在全面放松管制、快速推动金融自由化的同时，未能同步调整金融监管体系，导致风险预警和危机管控机制严重缺失，对不断膨胀的经济泡沫无能为力。例如，20 世纪 80 年代后半期与前半期相比，日本企业的实物投资（包括设备投资和土地投资）增长 83.7%，其中大多还是由土地投资带动；相比之下，金融投资猛增约 230%，经济明显开始“脱实向虚”。金融自由化还导致大企业开始从资本市场直接融资，银企关系生变。银行不得不降低放贷标准，更多地向中小企业放贷。1986—1990 年，银行对房地产业贷款增幅近 200%，主要贷给还贷能力不高的中小企业，导致泡沫破灭后形成大量不良债权，引发金融系统动荡。1997 年，日本开始对金融监管制度进行重大改革，但为时已晚。

产业政策方面，“广场协议”后，美国对日贸易逆差并未大幅减少，美国转而攻击日本产业政策失衡、国内市场封闭，要求日本扩大内需、放松政府管制。作为回应，日本于 1986 年出台《前川报告》，承诺大幅放宽相关政策限制，并提出 10 年共计 430 万亿日元规模的巨额公共投资计划。1989 年，日本又被迫与美国开启“结构性障碍磋商”，对企业相互持股、价格形成机制等营商习惯和经济规则进行改革，以“使美企得以公平竞争”。然而，日本在短期内无法动用政策手段降低民间的高储蓄率，政府只得通过扩大财政支出制造公共需求，导致财政状况急剧恶化。

总之，在美国的压力下，日本同时放宽金融、财政和政府管制，导致经济迅速过热，催生了经济泡沫的形成。泡沫经济就像一剂毒药，日本服下它后产生了巨大的不良反应，并对其经济、政治、社会等各个领域造成了严重的后果。1990 年，日本的股价泡沫率先破灭。紧接着，1991 年日本的地价泡沫随之破灭。1989—1992 年，日本股票市值总额减少 420 万亿日元，土地等的评估额则减少 380 万亿日元，财富损失合计超过 800 万亿日元，相当于日本国民财富的 11.3%。而在第二次世界大战期间日本国民总财富损失约为 14%，两者相差无几。在没有发生大规模战争的情况下，日本经济在如此短的时间内发生如此大的波动，确实是前所未有。美国彼得森国际经济研究所创始人伯格斯滕称，美国就是通过促使日元不断升值等手段，“让日本用自己的锅烹煮自己”。

日本从 20 世纪 90 年代泡沫经济破灭后，陷入物价下跌与实体经济萎缩的恶性循环，经济持续低迷。1999 年日本经济在美国新经济的带动下略有起色，但是 2000 年再次衰退。2002—2008 年，日本经济在小泉纯一郎内阁任内经历了一段景气回升，但是由于物价与工资几乎没有上涨，成为“没有实感的景气复

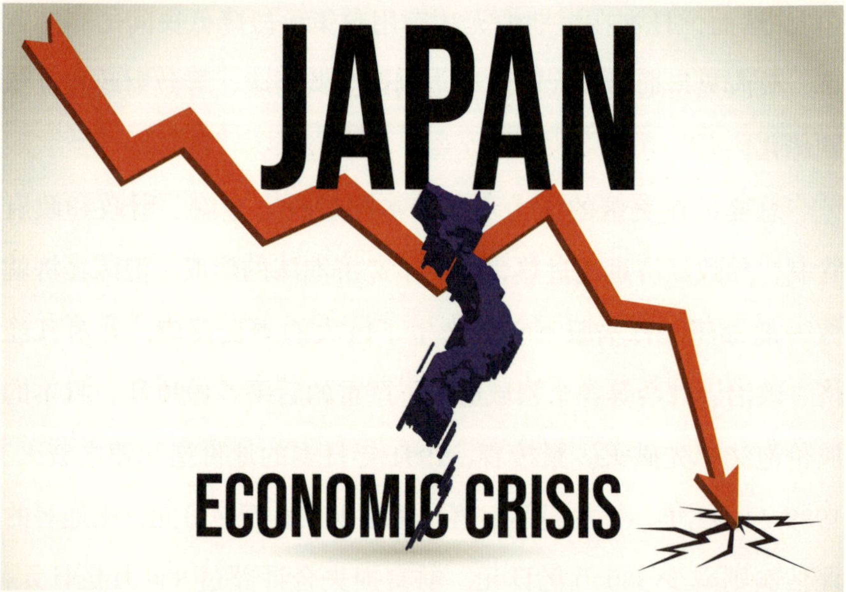

苏”。2008 年美国次贷危机引发的全球性金融危机，再次将日本经济推回低谷。2012 年安倍晋三上任后，虽然带来“安倍景气”周期，但是调查显示，大部分民众仍对经济增长“无实际感受”。同时因安倍大规模实行货币宽松政策，各类风险不断累积。

2020 年，随着新冠肺炎疫情的全球暴发，日本经济雪上加霜。原本指望拉动经济的东京奥运会不得不延期，前期投入损失严重，预算大幅增加。2020 年前两个季度，日本经济连续负增长，按年计算分别环比下降 2.2% 和 29.3%。其中二季度降幅创日本战后最差的负增长纪录。2020 年日本实际 GDP 同比下降 4.8%，时隔 10 年再度陷入衰退，并创 1955 年统计以来的第二大降幅。日经济界普遍预测，2021 年一季度日本经济仍将负增长，距实现真正的经济复苏仍有很长的路要走。

把日本经济的持续低迷放在一个更为宏观的背景中考察，拉美债务危机、美国次贷危机、欧洲债务危机等一系列危机表明，日本不是第一个、也不会是最后一个出现危机的国家。二战后美国建立的国际政治经济制度框架，美欧推行的新自由主义市场经济所释放的越来越不受约束的市场和自由资本的破坏性力量，正在世界范围内制造越来越大的危机。

自安倍晋三上任以来，约瑟夫 · 奈认为日本正试图走上“第三次崛起”之路，并对崛起的属性、方向及“国际贡献”表示关注。2020 年 9 月上台的新任首相菅义伟将基本延续“安倍路线”，至少在 2021 年 9 月的自民党总裁选举前，不会对日本的内外政策进行大幅度的调整。但日本政府对战争历史缺乏深刻反省，急于成为“正常大国”，其价值观外交、新民族主义以及“领土意识、国家意识”等，不利于同包括中国在内的亚洲邻国深化合作，为新的崛起进程投下阴影。

参 考 文 献

1 [美] 高柏著，刘耳译：《日本经济的悖论——繁荣与停滞的制度性根源》，商务出版社 2004 年版。

2 [日] 浜野洁、井奥成彦等著，彭曦等译：《日本经济史：1600-2015》，南京大学出版社 2018 年版。

3 [美] 安德鲁·戈登著，李朝津译：《200 年日本史——德川以来的近代化进程》，香港中文大学出版社 2015 年版。

4 [美] 傅高义著，丹柳等译：《日本第一——对美国的启示》，上海译文出版社 2016 年版。

5 [美] 詹姆斯·L. 麦克莱恩著，王翔等译：《日本史（1600-2000）》，海南出版社 2014 年版。

6 [日] 孙崎享著，郭一娜译：《日美同盟真相》，新华出版社 2014 年版。

7 [日] 池田信夫著，胡文静译：《失去的二十年——日本经济长期停滞的真正原因》，机械工业出版社 2019 年版。

8 [日] 池田吉纪等著，丁红卫等译：《透视日本经济》，清华大学出版社 2018 年版。

9 [日] 野口悠纪雄著，张玲译：《战后日本经济史——从喧嚣到沉寂的 70 年》，民主与建设出版社 2019 年版。

10 [日] 西野智彦著，兴全基金管理有限公司译：《日本的迷失：前夜 1992—1995》，中信出版集团 2019 年版。

8

第八章

超越兴衰论成败

赫拉利博士曾在《未来简史》中说道:“学习历史不是为了预言未来,现代社会发展太快,预言未来太困难。历史造就了我们现在的社会文化,而我们从出生开始就被现代的社会文化所影响。所以这就像是我们祖先从冰冷的坟墓里伸出双手,扼住我们的脖子,强迫我们朝着某个方向前进。学习历史应该是为了松开这双手,让我们可以看一看其他方向,试试不同的路。”因此,在既有认知的基础上,不断尝试跳出框架去寻求答案,至少是去思考,也许会更接近真实。

大国兴衰之论亦如此,无论是总揽500年谁主沉浮,还是从政治、经济、军事、地缘以及文化等对大国之崛起进行多维剖析,谁也没有、也无法给出大国兴衰之“终极答案”,因为历史长河在不断奔涌,任何国家都无法再踏进同一条河流。

进入21世纪以来,世界处于百年未有之大变局,传统、既有兴衰之论的历史背景、逻辑前提及关键因素都已发生巨大变化。多极化、经济全球化深入发展，社会信息化、文化多样化持续推进，新一轮科技革命和产业革命正在孕育成长，各国相互联系、相互依存，全球命运与共、休戚相关，和平力量的上升远远超过战争因素的增长，和平、发展、合作、共赢的时代潮流更加强劲。在此背景下，无论是国家个体之兴衰，还是国际体系之未来，需要更多洞见世界的新视角。

为何兴衰道不尽

自猿人以“直立”之姿足踏大地那一刻，人类举步丈量之处，即成身心所系之地，依附于故土的归属感，深深根植于人类骨血。在随后的历史长河中，氏族、部落、城邦、国家渐次涌现，成为这种依附与归属的外化与象征，承载着人类作为一种群体性存在的不断繁衍与发展。无论是氏族、部落、城邦还是国家，选取任何一个历史节点，都可以看到它们此起彼伏的命运，有的如夜空中升起的新星，在那一刻绽放光芒；有的则如天际划过的流星，在那一刻黯然消逝。放眼整个人类历史，则“物换星移几度秋”，湮灭于岁月的尘埃。历史如长河，“兴衰”便如河潮，起落有时，是谓人间正道。千百年来，不论古今中外，人们始终不甘心只是坐看潮起潮落，反而更热衷于追溯起落背后的痕迹与规律，最是兴衰道不尽，这是为何呢？

这种热衷源自人类的天性与认知。历史早在有文字记录之前，就不断被口耳相传。清代史学家章学诚在《文史通义·诗教上》指出：“三代盛时，各守人官物曲之世氏，是以相传以口耳，而孔、孟以前，未尝得见其书也。”从世界范围看，这也是共通的。无论是后来被以文字形式记录下来的《荷马史诗》等跨越时空的巨著，还是部落中曾被数代吟唱的“祭辞”传说，无论是对英雄一生的讴歌，还是对族人魂归故土的指引，都有意无意地记录下一个个部族、国家、文明的人与事，在这些兴亡更替中，人们追寻的既是祖辈的归处，更是自己的来处。

人类诞生伊始，就开始不断地去认识世界、理解世界并试图改造世界。众所周知，传说、神话与宗教都是人类对世界的认知与探索，只不过是受发展阶段所限，形成了不同的解释框架与叙事体系。其中，从历史过往痕迹中去追寻和探究曾经的兴衰，无疑也是其中一种重要的方式与途径。所谓因果，亦是过去与当下的“链接”，人们总是笃信能够通过对兴衰因果关联的不断考证，强化对事物发展客观规律的认知与把握。正如诗人艾略特所言：“我们永远都不能停止探索，如果我们的探索会有终点，那也会是我们下一次探索的开端，去首次认识我们的未知的所在。”因此，追寻兴衰背后是人们对规律的敬畏，亦是不甘，更是试图追求规律之上的永恒。

纵观人类历史，无论处于何种发展阶段，对于兴衰的探寻始终映射强烈的现实需求。执政者总是会“居庙堂之高”思“长治”；芸芸众生总是会“处江湖之远”盼“久安”。那么如何实现这种长治久安呢？势必会在曾经的兴衰中去寻找答案，正所谓“以史为镜可以知兴替”，“鉴于往事，资于治道”。唐代诗人杜牧

<《文史通义》作者张学诚

曾在《阿房宫赋》中写下一段话："灭六国者，六国也，非秦也。族秦者，秦也，非天下也。嗟乎！使六国各爱其人，则足以拒秦。使秦复爱六国之人，则递三世可至万世而为君，谁得而族灭也？秦人不暇自哀，而后人哀之；后人哀之而不鉴之，亦使后人而复哀后人也。"因而，兴衰本身虽是历史长河中的潮起潮落，但对其的关注与探寻却永远历久弥新。

这种热衷有着深刻的时代背景。二战之后，世界版图发生天翻地覆的变化，美苏崛起并呈争霸之势，德、意、日荣耀落地，昔日的"日不落帝国"和"高卢雄鸡"荣光不再。联合国的"五常"国家设定，基本标志着"大国格局"成为国际秩序的"正统"。在随后的70多年里，虽然未再发生全面的、大规模的战争，但沧海激荡，大国格局几经变迁，已不再是旧时模样。

时任美国总统的尼克松在1971年的一次演讲中，曾把美国、苏联、欧洲、日本和中国列为未来世界"五大力量中心"。但之后，苏联解体，中心不在，更遑论两极格局；日本起落，虽始终位列发达国家，但无论是体量还是国际作为似乎并不能承中心之位；欧洲开启一体化进程，力争成为世界中心之一，但理想丰满，现实骨感，内部撕裂与"众口难调"使得通往理想的道路充满极大的不确定性。中国虽然在不断的发展中呈现出令世界瞩目的力量和朝气，但由于长期奉行不结盟政策，坚持多极化格局的大势判断，强调和平发展的理念，尼克松认定的"中心"所含之意并非中国追求之目标。

更为重要的是冷战结束后，美国作为唯一的“超级大国”行至今日，面临种种困境。曾有战略学家警言，“美国能在多大程度上保持自己的优势取决于它能在多大程度上保持战略克制”，但美国显然并未听从这一警告。在近20年的时间里，其频频挑起战争，更是悍然打破曾经主导塑造的国际体系，近两年，保守主义的回归和“美国至上”的思想在遏制对手崛起的同时，也使美国无形中逐渐失去曾经引以为傲的道义光环。其种种作为不禁让人怀疑甚至是担忧，失去战略克制，抱守冷战思维的美国在“超级大国”之路上还能走多远。

由此可见，二战之后的国际格局，虽然和平与发展是大势主流，但大国起落兴衰从未停止，国际舞台上“你方唱罢我登场”“城头变换大王旗”的剧目仍然不断上演。在全球化背景下，兴衰更替的诱发因素更趋复杂，衡量标准与实现途径更趋多元。大国间打的既不是“热战”也不是“冷战”，而是各种经济战、贸易战、货币战甚至科技战；所凭借的不再仅是“硬实力”，而是内涵更加深远的所谓“软实力”与“巧实力”。上述风云际会是当代人曾经或正在亲历的，这些被打上深刻时代烙印的群体性记忆，正是大国兴衰论共鸣的社会基础。

这种群体记忆使得当下人们或多或少都有着“大国情结”，这种心理一旦与现实政治相结合，就会产生系列连锁反应。除以

“丛林法则”看世界，笃信现实主义观念外，国际政治中的大国情结呈现一种普遍化的态势。其不仅存在于所谓的守成大国、崛起大国，甚至还包括那些所谓“历史上”曾经的大国，它们也希望能够重获“昔日之荣光”。当前，“民族主义”“怀旧主义”甚至“民粹主义”思潮的流行就是这种情结泛化的典型反映。

永远不要小看思潮的力量，一股思潮的出现绝非偶然，往往预示着阶段性矛盾和问题的凸显，预示着社会正在或即将发生深刻变化。而所谓思潮正是人们对于这些问题和矛盾以及解决路径的思考。思想永远是行动的先导，思潮的扩散往往伴随着社会运动的开启。思潮有进步的，推动人类文明不断前进；也有反动的，妄图把人类文明拉向后退，把人类引向灾难。

随着全球化的推进，当今世界正处在一个深刻变化的过程中，其变化的深度和广度前所未有，全球化冲击给一些国家带来巨大落差与不安全感，从而激发强烈的大国情结，极端之时，就是“民粹主义”，不过在大多数情况下，相对温和，因此被称为“怀旧主义”或“民族主义”。如英国各界对“日不落帝国”满怀追忆与留恋，这种社会心理在其“脱欧”过程中，被“脱欧”派利用，实施了有效的政治动员。政治学家阿尔伯特·威尔据此感叹：“这是一场怀旧民主政治的胜利。”再如土耳其，念念不忘“奥斯曼帝国”之辉煌，虽然逝去已久，但也阻挡不了所谓重建帝国的热情。“昔日老大”们尚且如此，“现任老大”美国更是连所谓地位的相对滑落都无法忍受，“再次”与“重回”此类的高频词，不断出现在官方与民间的措辞中。特朗普在2016年的总统竞选宣言中，直接将美国“再次伟大”的时间节点清晰地指向当“华盛顿成为无可争议的全球霸主”之时。

这些群体性记忆与社会思潮所共同塑造的大国情结，正前所未有地深刻影响并塑造着当前现实政治，如何在大国兴衰的潮起潮落中“永立潮头”或“逆流而上”，成为最具政治性的时代命题，各种版本的“大国兴衰论”历久弥新、长论不衰。

逢人问道归何处

曾经有一款名为“文明”的电脑游戏十分流行。在游戏中，玩家可以操控某个具体的文明部落，通过发展狩猎、畜牧、农业等，不断积累财富和人口，当其达到某个上限，便会有新的建筑、兵器等可供建造，从而令部落不断发展壮大。在对大国兴衰的思索中，国家自身实力的增长与崛起无疑是一个最基本的视角。

用经济增长理论的话说，任何国家的强大都首先以自身发展为基础，经济兴则国家兴，经济衰则国家衰，“发展才是硬道理”。而发展取决于人口、技术创新、投资、制度、财产权、社会分工、教育（人力资本投资）、比较优势、产业政策、发展规划、财政货币政策、公共物品供给、知识产权保护、竞争与垄断等各种因素。对于这些因素的重要程度，也就是在经济增长中的权重“赋值”，不同经济学流派有不同看法，并据此形成了重商主义、古典主义、凯恩斯主义、结构主义、新自由主义等。更在此基础上，提出不同的实现“兴盛”的路径与策略，如重工业赶超、进口替代、出口导向等不同的经济发展模式。

但这种视角有一个问题，即它对一国之兴衰的考虑只专于“内”而不考虑“外”，即将国家发展视为独立“个体”，探索其生长规律，而未考虑到与“外界”的互动。事实上，自16世纪以来，从西班牙、荷兰、法国、英国、苏联到美国等第一流强国的兴衰史表明，国之兴衰往往都是内外因素共同作用的结果。因此，后来有学者不再囿于单一的经济决定论，尝试将其他重要因素纳入考虑范围，但仍将经济作为基础决定性因素。其中，最具代表性的莫过于“过度扩张理论”，它将一国经济发展之内生动力与对外扩张之外在行为的互动关系作为兴衰背后那只“命运之手”，认为国家生产力提高与军事力量提升之间存在着非常重要且微妙的关系，二者之间保持“合拍”则相互促进，一旦没有把握好“度”，则相互制约。对霸权国而言，长期对外扩张必将导致国力削弱和霸权旁落。而对新兴国而言，一个国家经济力量和军事力量的增减并非同步，二者存在“时滞差”。保罗·肯尼迪所著《大国的兴衰》一书，就是试图通过深入经济与军事关系层面，去总结大国兴衰的规律，据此得出的结论：大国兴，起于经济和科技发达，随之而来的是军事强盛与对外征战扩张；大国衰，衰于国际生产力重心转移，过度侵略扩张并造成经济和科技相对衰退落后。

但遗憾的是，肯尼迪对于经济与军事之间的关系，即二者如何才能相互合理“匹配”付之阙如。就如同“文明”这款游戏，它对于为何人口经济的发展会促成新事物、新制度是不提供任何解释的，属于编程中的“预先设定”。似乎只要经济发展了，其他一切就会自然而然出现，就好像播下种子就会收获粮食一样无需解释。然而，人类历史的现象是否真能与自然界的规律相等同？事实上，单纯追求经济发展所带来的诸多社会与环境问题，恐怕是肯尼迪本人都不曾想到的。

更重要的是，虽然这种视角用国家的对外扩张行为在形式上弥补了对内外互动与影响的忽视，但本质上，仍是从个体自身出发，将对外扩张作为经济发展的自然延伸与自主决策，并没有将一国之行为纳入国际体系整体考虑框架之下，即对扩张行为本身在体系中可能引发怎样的反应，以及这些反应会带来怎样的“反作用力”并没有过多关注。

有人将眼光留驻自身，自然也有人将目光转向外面的世界。地缘政治学家们试图在海陆纵横中，去寻找决定一国之兴衰的奥秘。在他们看来，地理因素绝对是影响甚至决定国家内外政治行为与谋求战略优势的关键。在此基础上，随着时代的演进，形成了诸如“大陆均势说”“心脏地带说”“边缘地带说”“高边疆理论”等揭示各国地缘政治博弈的学说。其中，最重要的莫过于马汉的“海权说”和麦金德的“陆权说”，其思想观点直到现在还或多或少影响现实政治，尤其是大国全球战略布局，但经过几个世纪的时间检验与反思，二者的解释力受到越来越多的质疑。

无论是“海权说”还是“陆权说”，对于大国之崛起兴衰，二者其实都只是对特定对象进行解读，其结论并不具备普适性。如马汉的观点在很大程度上基于对英国海军和海外扩张史的经验总结，集中反映出15世纪开启海洋时代的经济和政治意义。受历史局限，马汉以海权为枢纽的地缘政治观以及以英国为主要观察对象的视角，并不能够对大国兴衰这样一个更加广泛的议题提供比较理想的解释。他的学说能很好解释英国的成功，但对其他国家的崛起似乎不具有普遍的适用性，尤其是放在整个人类文明史中来考察，在那些公认的超级帝国或一流强国中，马汉式的国家寥寥无几。

同样，麦金德对陆权的重视亦主要是基于对亚欧大陆国家的观察，他在《历史的地理枢纽》一文中，论述了亚欧大陆“枢纽地带”（后来他改称为“心脏地带”）的战略意义：“谁统治东欧，谁就能主宰心脏地带；谁统治心脏地带，谁就能主宰世界岛；谁统治世界岛，谁就能主宰全世界。”但该学说仍然只能说明掌握“心脏地带”国家的地缘战略优势，不能解释其他地带国家的崛起。

更重要的是，历史实践后来证明了判断与现实之间存在“悖论”。且不说掌握“心脏地带”的英国，在麦金德去世后逐渐走向“衰落”，之后在美苏争霸中，双方地缘战略选择均带有明显“心脏地带”烙印，但并未助力它们宏大战略目标的实现。如著名的“艾森豪威尔主义”成为美国在中东地区扩张势力的重要纲领，此后美国竭力利用英法两国地位削弱的时机“填补”“力量真空”，并成为相当长一段时期美国在此问题上的“惯性”选择。虽然现在还很难据此判断美国因此走向所谓“衰落”，但带来的国力透支迹象不可否认。事实上，近些年来美国政府的“全球性收缩”，尤其是对中东政策的调整就是对这种“透支”做出的调整。苏联勃列日涅夫时期，对“心脏地带”的两翼战略布局也同样造成了相当程度的国力透支。

这么看来，对于大国兴衰，放眼世界的地缘视角也并未提供一般性解释框架。尤其是 20 世纪四五十年代之后，地缘政治的高潮似已过去，再未出现能够像马汉和麦金德那样引起热烈关注的学说。只要人类生存仍然依赖于地理空间，地理的政治意义就不会消失，地缘政治研究就依然有价值。但必须看到，技术的升级换代正有力弱化地理空间对人类活动的束缚，在全球性经济和政治变革中新的力量与因素正不断冲击大国关系中现实主义的权力政治尤其是军事竞争，地缘“宿命”正在不断被挑战与改写。

事实上，在诸多关于大国兴衰的思考中，国际关系的视角无疑是其中“持牛耳者”。作为一门研究国家间关系与力量格局的学科，国际关系理论天然契合大国兴衰的解释框架。尤其是现实主义学派对大国兴衰的分析具有较强说服力。在他们看来，国际政治本质上就是大国政治。正如米尔斯海默在《大国政治的悲剧》一书中所言，“因为大国对国际政治所发生的变故影响最大。所有国家——不管是大国还是次大国——其命运都从根本上取决于那些最具实力国家的决策和行为”。虽然现实主义内部对于大国行为决策的观察与理解有所不同，并因此形成诸多分枝，但在大国目标是追求安全与权力，当今世界尚未走出现实主义法则“丛林”的判断上高度一致。因而，不管大国的性质如何，它势必会自觉不自觉地被卷入不断的竞争角逐中，大国起落兴衰因此成为不可避免的“悲剧”。但实际情况是这样吗？

国际关系理论界的自由主义与建构主义学派对此并不认同，比如现实主义的逻辑起点是国际社会的无政府状态和安全困境，而核心是权力政治，但对于这两大方面，无论自由主义还是建构主义都提出质疑，并运用大量的现实予以佐证。比如自由主义学派指出，无政府状态并不必然得出国家间对抗的结果，事实上国家间利益有和谐的一面，可通过发展自由贸易、建立集体安全甚至是追求共同价值等手段来避免对抗，甚至是走出无政府状态。

尤其是在当前全球化进程的推进中，越来越多的全球性问题摆在所有国家面前，没有哪一个国家能够单凭一己之力搞定，很多时候，共同利益的现实远超零和博弈的思路。建构主义虽没否认国际体系的无政府状态，但更进一步地揭示出无政府状态作为给定条件并不正确，它并不是与生俱来的，而是由国家造就的，一切都要取决于国家之间共有的观念结构。

此外，二战之后国际形势的发展也促使国际社会开始反思这样一个问题，以国家为中心的权力政治观念是否能够反映复杂的国际形势？事实上，在诸多国际事务中，国家已不再是国际社会唯一的行为主体，甚至大国都已不再是唯一的决定性力量。所谓“权力的转移”现象越来越引起国际社会的广泛关注。

相对保守的判断认为，虽然国际体系中国家力量格局有所变化，即所谓的“东升西降”，但权力结构的调整仍然体现为威斯特伐利亚体系内调整，国际体系存在和运作的规则和结构未曾发生变化，国家意志与理性仍然是国际体系亘古不变的特征。而与之相对的观点则较为激进，认为随着全球性议题重要性的突出，跨越国家主权与力量范围的国际机制的作用越来越突出，国际体系的变化不是在常态基础上的变化，而是新旧更替的变化，它开始向“后威斯特伐利亚体系”转型。在权力逻辑上不再只有一个单一的国家权力，非国家行为体及其力量已冲出国家安排的权力游戏牢笼，开始与国家一起分享权力。“当下的信息革命将一系列跨国问题，如金融稳定性、气候变化、恐怖主义、流行病疫情和网络安全等列入全球议程，与此同时，信息革命也势必会削弱所有政府的响应能力。……世界政治不再是各国政府的专有领域……非正式的网络型组织将削弱传统官僚体制的垄断。”

且不论保守与激进的观点，哪一个更能反映或接近现实，双方的共同点都在于敏锐地捕捉到了“变数”，即在全球化、信息化背景下，全球性非传统安全与治理议题不断涌现，促使国家关系与治理体系的转变，非国家行为体的作用日益显现等。区别在于对“变数”能否带来“变局”，即对传统体系是否造成“质”的影响，看法不一。但无论最终国际体系发生怎样的变化，其内部“权力转移”已是既成事实。正如约瑟夫·奈所言：“世界政治中两个重大权力的转移，一是权力在国家间的转移，即权力从西方国家转移到东方国家，以中国、印度为首的亚洲经济体迅速崛起；二是权力转移表现为权力从国家到非国家行为体的扩散，这一扩散主要得益于以互联网兴起为特征的信息技术的快速变革。”这么看来，大国兴衰这出“情景剧”的情节走向还真无法一言以蔽之，更何况，连“剧目”本身都不再只由大国上演。

由此可见，在不断演进的历史面前，对于大国兴衰之规律并没有完美的或者说“one fits all”的终级答案。面对当前纷繁复杂、云谲波诡的国际形势，要把握世界大势与思索应对之道，不能拘泥于既有解释框架，更不能有任何“宿命感”，只有尝试跳出框架，也许才能更好地把握未来。

宜从差处着思维

纵观大国兴衰之论，几乎都基于同样的逻辑前提：国际社会是一个“丛林”，资源是有限的，力量是此消彼长的，国家之间的关系就如“食物链”，任何国家的安全与发展就必然意味着对其他国家的压制与掠夺。因此，不断追求强权，力争占据“食物链”顶端是唯一的生存之道。但历史发展证明，此逻辑前提成立的时代已经一去不复返。事实上，在当前国际体系多元化、多极化的格局之下，国家不论大小，各自的发展道路，尤其是彼此之间的互动，都在源源不断地提供超越传统兴衰、传统大国的视角，这些现实都在不断促进我们进行一些新的思考：

国之兴衰有绝对标准吗？时代在不断变迁与进步，任何概念的内涵与外延并非一成不变，都在不断发展和丰富，大国的“兴”与“衰”亦是如此。传统兴衰观，即单纯以国家实力以及基于实力的国际权力来对标当下大国，其结果自然会是难窥全貌。

以英国为例，在所有关于大国兴衰的叙事中，英国作为曾经的“日不落帝国”，总是会被归为“衰落”的代表。在历史潮流的涤荡下，英国这个昔日帝国的版图大大缩水，从“伦敦的正午和加拿大东部的黎明、南非的午后，印度与澳大利亚的黄昏，斐济岛的午夜，以及西萨摩亚的昨日完美重合”到“海外只剩下 14 个分散的岛屿……与此同时，二战前建立起来的英联邦也仅仅只是殖民时代的遗迹。盘点其领土、属地以及保护区，大英帝国过去的荣光、权势与影响所剩无几”。单从这些表象看，英国的确昔日荣光不再，但退居本土是否就意味着绝对的“衰落”呢？二战之后国际体系的建立，意味着以海外殖民版图为傲的“野蛮”时代，用殖民地缩水来定论其绝对衰落，甚至沦为所谓“普通国家”显得陈旧无力。事实上，迄今英国无论是从经济体量、军事实力与外交影响力等方面来看，作为联合国“五常”之一、众多重要国际组织与机构的成员国，它依然是一个现代意义的大国。即使是“脱欧”，虽有观点认为，离开欧盟这棵“大树”，英国将不再享受集团福利，但亦有观点认为，英国“脱欧”后内外政策的自主性与灵活度必然得以提升，更有利于发挥大国影响。更何况，鉴于历史上的天然联系，“脱欧”之后，它也必然会成为欧盟的重要伙伴。此外，在一些新兴非传统安全领域，英国作为老牌大国，眼光仍在。它早早布局，如在网络安全领域，它通过推动“伦敦进程”、提出著名的“黑格七原则”，成为较早推进并主导全球网络安全议程的大国之一，凭此先发优势，英国在此领域有着重要的发言权和国际影响力。英国未来的作为及前景且拭目以待。

决定兴衰之要素是一成不变的吗？有人借鉴达尔文生物学的进化理论，即所谓“物竞天择，适者生存”，将之延伸至政治学、经济学与社会学等领域，认为国家也是有生命的，兴衰本身就是生命的周期。

一方面它将国家作为生命机体，认为国之兴衰取决于内在机能与外部环境的相互作用。内在机能要素包括消费、创新能力、生产率、政府和公司官僚体制、既得利益集团作为等；而外部环境则包括战争、扩张、竞争等；另一方面在赋予国家“生物性”的同时，又强调国家不是简单意义上的“生物”或者说是一种“超级生物”，其生命轨迹不是“单线条”，并不必然由兴到衰，在适当的外部刺激之后通过有效的内部反应，国家的生命可以得到重生和逆转，从而缔造“不老神话”。可见，探讨国家生命周期的目的并不是论证国家兴衰的必然结果，而是侧重通过对所谓生命“要素”的分析，找到国家重生和逆转的“灵丹妙药”。

即便如此，随着社会的发展，决定所谓国家生命周期的要素并非一成不变。众所周知，当今社会已进入信息化时代，以信息与通信技术（ICT）为主的信息革命不仅改变着科技与经济，也改变着政治、军事和社会生活。信息优势正在成为综合国力竞争的制高点。物质形态的硬实力因素固然是综合国力的基础，但是软实力因素却可以成为综合国力的“倍增器”。因此，哈瑟夫·奈认为，“信息正在变成实力”，权力的性质已由“高资本含

> 中国国际工业博览会的华为展台

量”（Capital-rich）变为“高信息含量”（Information-rich）。能够占据领导地位的国家并不是拥有最多资源的国家，而是那些可以控制政治环境并使别国“做其所想”的国家。谁能领导以信息革命为主导的新一轮科技革命，谁就能在未来世界政治格局中占据领导地位。

在这场革命中，国家是能“续命”还是“新生”，是否会出现更高阶的“生命形态”，进而彻底改变整个国际“生态”？现在下定论还为时过早。信息技术革命将引起主要大国力量对比的改变并加速多极化格局的形成，但对格局是否会产生结构性变化，甚至变化的方向其实具有极大的不确定性。一方面，部分发展中国家将利用信息革命的机遇而加快发展，并提高国际地位。对于发展中国家而言，信息化带来“弯道”甚至“换道”超车的可能。但另一方面，也不排除技术本身会进一步加大“数字鸿沟”。技术的先发优势至关重要，在信息网络化时代，先进技术仍主要集中于主要工业化国家，凭借经济优势，可对高技术研究和发展提供巨大的支持，从而对广大经济部门形成直接的拉动作用，进一步拉大南北差距，导致权力分配上的“马太效应”：发达国家的综合国力越来越强，不发达国家的综合国力越来越弱。所以，要素的进化与更新不仅影响一国之兴衰，更有可能重塑国际力量格局，至于未来到底是重新洗牌还是出现马太效应，有待进一步观察。

一国之“兴”必然对应他国之“衰”吗？正如前面所提及的群体性记忆和大国情结，当下的人们很难跳脱二战后美苏争霸两极格局的认知框架，特别是后来苏联崩溃式解体和美国的强大崛起，两相对照带来的冲击，难免会使人戏剧性地慨叹一国之兴以一国之衰为代价。而实际上，无论是苏联之解体还是美国之崛起，绝非“此起彼伏”这么简单。

随着世界多极化、经济全球化与社会信息化的深入发展，人类赖以生存的社会背景已发生深刻变化，国家实现经济崛起，以及那种依赖经济崛起和军事扩张来实现国家间战略竞争的基础条件已随时代变迁而发生深刻变化。当代国际关系尤其是大国间关系，本质上早已不是“霍布斯式”的零和之争，更不是简单的“龙虎斗”，而是一个相互依存、合作、竞争甚至结构性调整的复杂混合体，这就意味着，一国的崛起并不必然导致一国的衰落甚至哪怕是相对衰落。在全球化、信息化的当下，在越来越多的领域，各国均面临着“你中有我，我中有你”的现实，“一荣俱荣，一损俱损”的命运。即便是超级大国或全球霸主也必须正视这样一个现实，在应对全球性问题上确保自身安全的最终决定权并不在自己手中，而取决于应对最为“短板”的国家。此次全球新冠肺炎疫情的暴发，就再次使国际社会痛定思痛，在全球性危机，尤其是公共卫生事件面前，不论大小国，哪一个被击穿，都是全人类的危机。

此外，面对当前国际政治发展中最“吸睛”的风景，即中国、印度、巴西、俄罗斯、南非等新兴大国的群体性崛起现象，我们又能得到怎样的启示呢？这些新兴经济体的崛起正在共同改变全球政治经济权力的格局，日益朝着均衡、多极化方向发展。2008 年 11 月，在华盛顿召开的 20 国集团首脑会议，被认为是新兴大国登上全球权力舞台的标志性事件。“世界经济的变化将会伴随地缘政治的巨大变化，中国、印度的经济增长将会导致多极世界秩序的出现。”

但在看到群体性兴起冲击传统大国主导的国际秩序的同时，还要看到，在当今世界格局下，这种“兴”并不是绝对的或全面的“兴”。它不是一种“结果”，而是一种“势头”，描述的是一个过程或现象。这些新兴经济体虽然经济发展速度比较快，但综合国力并不强，有些国家甚至还不是成熟的工业化国家。在整体经济体量、国家创新能力、产业结构、生态建设以及国际影响力等方面均与发达国家尚存差距。时至今日，这些新兴经济体的主要贸易伙伴仍是美国、日本和欧洲，不同程度地依赖商品和服务向发达国家的出口。尤其是在信息社会发展大潮的冲击之下，高新技术的研发与应用差距更大，不少核心技术受制于人，在 ICT 产业链中往往处于底端。种种迹象说明，新兴经济体距离成为与美欧等比肩的大国，甚至是国际格局中的“一极”还有相当距离。为此，有专家称：“第二次世界大战结束后出现的新兴民族主义国家，至今仍未有崛起为世界大国的成功经验。以经济全球化作为主要背景的大国崛起，在历史上更是没有先例可循。”

因此，在当前时代背景与语境下，“兴”早已不是替代性的兴，“衰”也不是自由落体式的衰落；兴衰无绝对，有不同的衡量标准，所谓“兴衰”只是仁者见仁、智者见智。“当今世界是一个变革的世界，是一个新机遇新挑战层出不穷的世界，是一个国际体系和国际秩序深度调整的世界，是一个国际力量对比深刻变化并朝着有利于和平与发展方向变化的世界。”所谓“国强必霸”“此消彼长”的陈旧逻辑和“大国政治”“权力游戏”的固化思维无益于把握当今世界大势。因此，要跟上时代前进的步伐，就不能“身体已进入21世纪，而脑袋还停留在冷战思维、零和博弈的旧时代”。

超越兴衰，命运与共

在新的时代背景下，面对全球化格局下百年未有之大变局，需要新视角、新思想。各国都在积极探索，中国亦以实际行动给出了“中国方案”，贡献了“中国智慧”。那就是顺应时代潮流，超越兴衰、超越大国，提倡国家无论大小，都应对内不断谋求人民的福祉，对外承担应尽的国家责任，相互尊重、共同发展、合作共赢，构建人类命运共同体。

超越兴衰，以广大人民的福祉为标尺，才是国家兴衰之衡量的最高价值取向。以人为本是现代国家文明的核心要义，亦是谋求国家振兴与发展的终极目的。正如资中筠先生所言：“事实上，纵观历史，那些竭尽本国人力、物力，以剥夺本国人民基本权利为代价，穷兵黩武进行侵略扩张，尽管船坚炮利，只可得逞于一时，最终必一败涂地；而凡能继续立足的，本国人在国内基本上得到善待是必要条件。即便如荷兰和英国，迫于历史潮流，退出殖民地，版图大大缩水，从霸业角度看是衰落，但降为二等国，退居本土，照样繁荣发达，仍然走在现代文明国家前列。”

因此，要以人为本，把人的生存与发展作为国家最高的价值目标。在生产力极度不发达，现代文明社会尚未得以发展，国际秩序尚未得以建立的历史时期，一国国力的提升或许更多地是为了生存与扩张。但在和平与发展成为大势主流的当下，“民惟邦本，本固邦宁”，维护国家安全与实现国家发展的根本目的，是为人民提供安全稳定和谐的社会生活环境，让人民安居乐业、幸福生活，不断增强人民群众的安全感、获得感、幸福感。这也是为什么习近平总书记在中共十九大报告明确指出：“新时代我国社会主要矛盾是人民日益增长的美好生活需要和不平衡不充分的发展之间的矛盾，必须坚持以人民为中心的发展思想，不断促进人的全面发展、全体人民的共同富裕。”

从这个意义上讲，如果不能把握中国对国家兴衰所承载的终极期许，就无法理解所谓中国梦，本质上是国强民富的中国梦，它所追求的是不断谋求本国人民的福祉，而非对他国利益的觊觎。

一个民族最深沉的精神追求，一定要在其薪火相传的民族精神中来进行基因测序。在灿若星河的全球文明史上，中华文明是唯一一个未被打断、历经数千年而绵延至今的古文明。受到优秀传统文化丰润滋养的同时，中国近现代史上红色革命文化和社会主义先进文化的汇入，令中国文化展现出勃勃生机。基于与西方完全不同的历史经验和哲学思考历程，在时间的淬炼和打磨下，中国文化产生了一套独特的价值体系。中国文化推崇“天下归仁”，大国应“重义轻利”，国际社会应“和而不同”，国际事务应“共商共建共享”，面对全球性挑战，各国应齐心协力建立“人类命运共同体”。

“天下归仁。”孟子云，“三代之得天下也以仁，其失天下也以不仁”，“天子不仁，不保四海；诸侯不仁，不保社稷；卿大夫不仁，不保宗庙；士庶人不仁，不保四体。今恶死亡而乐不仁，是犹恶醉而强酒。”这段话虽出自两千多年前，却也是二战以来美国前40年和后30年作为的生动写照。与美国经常将世界划分为“盟友”和“非盟友”，“民主”和“非民主”、“西方文明”和“非西方文明”、“自由民主秩序之内”和“自由民主秩序之外”的两分法不同，中国不以政治制度、意识形态划界，认为所有国家不分大小、不论制度、不别信仰，都应和平相处。中国文化强调“仁者爱人”“德不孤，必有邻”“大道之行也，天下为公”“天行健，君子以自强不息”。推及国际关系，讲的是国与国之间应相互友爱、和平共处；大国应以仁德而非武功获得其他国家的尊重；大国应提供国际公共产品领导国际社会解决共同面临的问题；大国应通过对内改革而非对外欺压来不断提升自己的实力和威望。

“重义轻利”。墨家认为“义，利也”，强调义利之统一、兼顾，志功双规。《礼记·中庸》也云，“义者宜也。尊资为大。”义即利他，不以损害和出卖他人尤其朋友来换取一己的生存和利益。中国文化强调“君子喻于义”“君子义以为质”“出入相友、守望相助”等。推及国际关系，国与国之间的交往与合作，除追求共享的利益外，还应当寻求共同的信念与理想，即“兼具道义与利益”。这一观念与近代以来西方国家所谓“利己即利人”“利益至上”“只有永恒的利益，没有永恒的朋友”的国际观完全不同。西方“以利为先”导致各国争权夺利、结盟对抗、战争频发。中国高举正确义利观的旗帜，为国际关系注入一股清流。中共十八大以来，习近平主席在涉及国家发展和国际关系时，多次谈到义利观问题。他指出，“义，反映的是我们的一个理念，共产党人、社会主义国家的理念。这个世界上一部分人过得很好，一部分人过得很不好，不是个好现象……我希望全世界共同发展，特别是希望广大发展中国家加快发展。利，就是要恪守互利共赢原则，不搞我赢你输，要实现双赢。”

“和而不同”。自古中国就提出了“国虽大，好战必亡”的箴言。“化干戈为玉帛”“国泰民安”“睦邻友邦”“天下太平”“天下大同”等理念世代相传。众所周知的《孙子兵法》，第一句话却是：“兵者，国之大事，死生之地，存亡之道，不可不察也”，其要义是慎战、不战。几千年来，和平融入了中华民族的血脉，刻进了中国人民的基因。中国历史上曾经长期是世界上最强大的国家之一，但没有留下殖民和侵略他国的记录。坚持走和平发展道路，是中国对几千年来中华民族热爱和平的文化传统的继承和发扬，事实上，中国从一个积贫积弱的国家发展成为世界第二大经济体，靠的不是对外军事扩张和殖民掠夺。正如习近平主席所强调，中国人民对战争带来的苦难有着刻骨铭心的记忆，十分珍惜当前和平安定的生活。中国人民怕的就是动荡，求的就是稳定，盼的就是天下太平。

中国民主革命的先行者孙中山先生说：“世界潮流，浩浩荡荡，顺之则昌，逆之则亡。”历史告诉我们，一个国家要发展繁荣，必须把握和顺应世界发展大势，反之必然会被历史抛弃。什么是当今世界的潮流？答案只有一个，那就是和平、发展、合作、共赢。因此，中国绝不认同“国强必霸”的陈旧逻辑，坚定地认为当今世界，殖民主义、霸权主义的老路肯定走不通，能走通的只有和平发展的道路。当今世界，特别是2008年国际金融危机之后，世界格局多极化发展趋势更加明显。一方面，新兴市场国家经济实力增长，在国际事务中的话语权显著提升；另一方面，西方内部各种社会问题积压，以美国为核心的传统的全球治理体系问题丛生，许多机制陷入改革困境。在多极化的世界中，尊重各国拥有选择自己发展道路的权利、尊重多样化的国家发展模式，应成为各国的理性选择，“和而不同”应当成为全球化新阶段的主旋律。

建构人类命运共同体。美西方将世界分为两个部分，美国领导的“自由民主秩序”和杂草蔓生的丛林。尽管全球民主国家数量众多，但“自由民主秩序”的核心只有美国和其西方盟国。正是这种对世界的划分和对“自由民主秩序”之外大国崛起的担忧，使美西方产生了巨大的不安全感。美国国际问题学者罗伯特·卡根在《丛林回归》中写道，冷战后“自由民主秩序”同时遭到左翼和右翼的挑战、内部和外部侵蚀，如不奋力保卫，这个秩序很可能“慢慢地，然后突然地”崩溃。与之不同，中国眼中的世界是个大家庭。这种世界观既根植于讲求“仁”“爱”“和”的中国传统文化中，也与中国共产党“为中国人民谋幸福、为人类进步事业而奋斗”的立党宗旨一脉相承。

虽然当今世界和平与发展成为时代主题，但世界经济增长乏力、金融危机阴云未散，恐怖主义、难民危机、重大传染性疾病、气候变化、网络空间安全等非传统安全带来的全球性问题日益严峻，如何携手应对，捍卫全球性共同利益和人类整体安全，是未来维护世界和平与发展的关键所在。

正是基于这样的历史传承和现实把握，习近平总书记提出了构建“人类命运共同体”的理念，指出：“这个世界，各国相互联系、相互依存的程度空前加深，人类生活在同一个地球村里，生活在历史和现实交汇的同一个时空里，越来越成为你中有我、我中有你的命运共同体。”当今世界各国从自然环境、经济社会到国防外交，往往“牵一发而动全身”。没有哪个国家能够单打独斗，也没有哪个国家可以包打天下。因此，“各国相互依存、休戚与共。我们要继承和弘扬联合国宪章的宗旨和原则，构建以合作共赢为核心的新型国际关系，打造人类命运共同体”。“各国都要树立命运共同体意识，真正认清‘一荣俱荣、一损俱损’的连带效应，在竞争中合作，在合作中共赢。在追求本国利益时兼顾别国利益，在寻求自身发展时兼顾别国发展。”这既是中华民族的哲学思维和价值理念在新时代的现实实践，更是顺应当前经济全球化格局下的历史发展大势与潮流。

此次突如其来、席卷全球的新冠肺炎疫情给全世界上了沉重的一课，这场应对全人类共同危机的斗争，无疑是命运共同体的生动写照。《二十国集团领导人应对新冠肺炎特别峰会声明》指出，“前所未有的新冠肺炎大流行深刻表明全球的紧密联系及脆弱性”，它让国际社会对共同安全的现实性、国际合作的必要性有了更加深刻的认识，“山川异域，风月同天”莫过于此。

因此，超越大国——国不分大小、强弱、贫富一律平等，从人类共同利益的角度超越意识形态藩篱；超越兴衰——对内谋求人民福祉，对外和平共荣，以“对话而不对抗，结伴而不结盟”的原则彻底扬弃和超越传统的你输我赢的“零和博弈”思维，努力构建新的竞合关系，追求“双赢”甚至“多赢”的利益新格局。这样的图景未来，美好而令人期待！

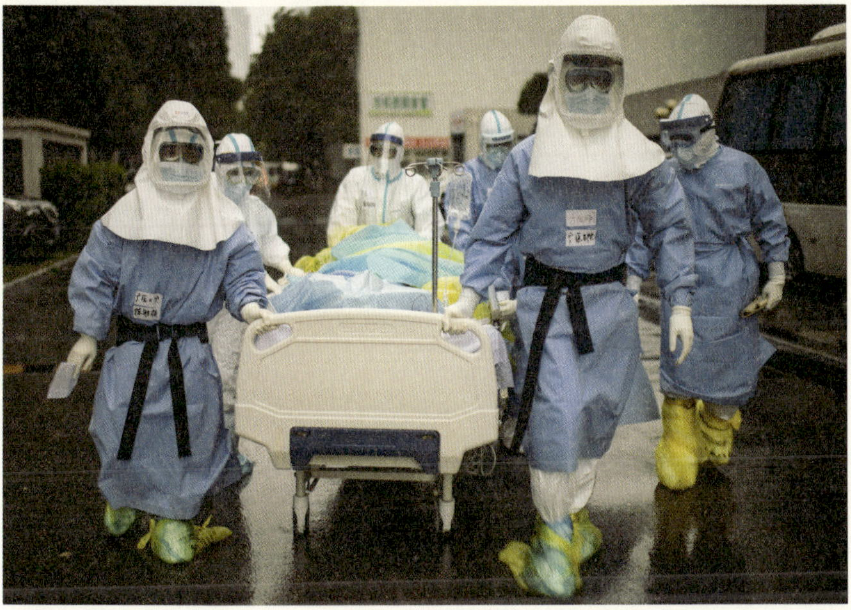

2020年3月9日，武汉协和医院西院，来自广东的医护人员正在护送一位新冠肺炎危重症患者前去拍CT

参考文献

1 中国中央党史和文献研究院编:《习近平关于总体国家安全观论述摘编》,中央文献出版社 2018 年版。

2 [美] 托马斯·弗里德曼著,何帆、肖莹莹、郝正非译:《世界是平的》,湖南科学技术出版社 2008 年版。

3 [英] 维克托·迈尔-舍恩伯格、肯尼思·库克耶著,盛杨燕、周涛译:《大数据时代——生活、工作与思维的大变革》,浙江人民出版社 2013 年版。

4 [挪威] 托马斯·埃里克森著,周云水等译:《全球化的关键概念》,译林出版社 2012 年版。

5 [英] 保罗·肯尼迪著,蒋葆英等译:《大国的兴衰》,中国经济出版社 1989 年版。

6 [挪威] 文安立著,牛可等译:《全球冷战——美苏对第三世界的干涉与当代世界的形成》,世界图书出版社 2014 年版。

7 [美] 查尔斯·W.凯格利著,夏维勇、阮淑俊译:《世界政治:走向新秩序?》,世界图书出版公司 2010 年版。

8 [美] 布莱恩·阿瑟:《技术的本质》,浙江人民出版社 2018 年版。

9 [英] 赫德利·布尔著,张小明译:《无政府社会——世界政治中的秩序研究》,上海人民出版社 2015 年版。

10 张文木:《世界地缘政治中的中国国家安全利益分析》,中国社会科学出版社 2012 年版。

11 杨剑:《数字边疆的权力与财富》,上海人民出版社 2012 年版。

12 阎学通:《历史的惯性——未来十年的中国与世界》,中信出版社 2013 年版。

9

结语

“千古兴亡多少事。”古往今来无数国家崛起与沉沦、不少民族振兴和衰落，其原因虽不一而足，但每一次兴衰更替背后都蕴藏着博弈与计算，甚至屡屡兵戎相见。实际上，自从人类以民族或国家作为主体登上世界舞台之后，国家的兴亡即与每个人的命运息息相关。国家兴则百姓强，国家弱则万民苦。因此没有任何一个国家甘愿永远消沉，兴旺既是每一个有追求的国家和民族的共同愿望，也是符合人类诉求的正当权利。中华民族的伟大复兴，更是历尽劫难后所有中国人的渴求，也是时代变幻下历史的必然。

“历史往往为了特定的政治目的而被简化为神话。”纵观历史与世界，有国仗制度之新，开一时天地；有国倚兵甲之利，领一时之先；有国靠技术之高，兴霸权之势；也有国拜时势所赐，弄风骚之像。尤其近代以来，世界大国此起彼伏、轮番登场，其争霸之路，或遍布异族白骨，或充斥本国血泪，或靠对外疯狂掠夺，或靠对内严酷剥削。这种成霸之路注定了其成霸目的，即凌驾一切、压万国以供养一身。唯有现实的中国，经历过几千年文明的洗礼，秉持大善之念；又饱受百年屈辱，深知奴役之苦。同理心之下，中华民族追求的是堂堂正正的复兴，靠自身奋斗，不图殖民掠夺；为民族崛起，不为霸凌诸国。其崛起，以和平的方式，超越历史上所谓的兴衰轮回，在某种程度上更是给现实的世界多了一种选择和方向。

行百里者，半九十。复兴之路，并非一蹴而就，也绝非坦途，在激烈竞争的现实世界，不但登顶大国有衰落的可能，崛起中国家也时刻面临着坠落的风险。在上升过程中，充满了可能导致夭折的种种考验，还间或充斥着内部的纷争、外部的打压、时势的变化及其他隐藏的种种威胁。相较以往，当今世界仍是以西方价值观为主体的国际体系，在其眼中，坚持自主道路和“新型模式”的中国显得“格格不入”，这决定了中华民族复兴之路面临的困难更甚。如何破局并保证复兴的进程不被打断，成为时下中国必须面对的问题。

如果说中华民族的伟大复兴是梦想，总体国家安全观就是梦想实现的保证。它既是总体设计，涵盖梦想实现的方方面面；也是坚盾利刃，为梦想的实现遮风挡雨、披荆斩棘。总体国家安全观上承中国传统文化以人为本的精髓，下接应对时势变幻居安思危的态度，既是一种战略，更是一种容纳万物的思想。当下，中华民族伟大复兴的梦想从未如此接近实现，越是此刻，形势越是复杂，只有坚持总体国家安全观，才能保证梦想不至于成为空想、复兴不至于成为遗憾。

涅槃重生

从历史和现实来看，中华民族的伟大复兴是“百年黑暗”之后涅槃重生的必然，也是历次“碰壁”后极尽探索和苦心经营的成果，更是新时代下世界形势客观发展的趋势。其无关偶然，也并非爆发，是“时来天地皆同力”的顺理成章，背后凝聚的是近代以来中国无数仁人志士前仆后继的苦苦追求，也是中华民族靠自身奋斗最终赢得的资格。

20 世纪英国著名历史学家汤因比在探究文明的兴衰时，提出了“挑战与迎战”理论。其认为，“安逸舒适的环境不会出现挑战，当然也不会出现迎战，也不会带来文明的灿烂，只有相对恶劣的环境才能给人类带来前所未有的压力及严重的生存危机。斗争的过程就是文明产生的过程；如果没有挑战或挑战不足，文明就不会产生，社会就会陷入僵化或静止，进而永远无法走出原始状态。”这种论述既契合了“物竞天择，适者生存”的人类进化原理，也应验了中国文化的古老智慧“生于忧患，死于安乐”。近代中国的沉沦与当下中华民族的伟大复兴即是“挑战与迎战”的典型体现。

20世纪初之中国，经历着近代以来前所未有的苦难，无数先驱或寻道于古，或求方于洋，或找路于体，或觅真于用，在风雨飘摇中始得共产主义与中国实践相结合的真理，至此于穷困中奋起、于围堵中破路、于封杀中自强、于敌视中成长，最终看到了实现中华民族伟大复兴的曙光。从井冈之魂到延安之火，再至赤旗中国，正是“中华民族到了最危险的时候”这种挑战，激发了中华民族的觉醒，促使她积极迎战，并走上了伟大复兴的光辉道路。尤其是面对日本帝国主义空前的野蛮侵略，中华民族在迎战的过程中始终坚守信念，以惊人的毅力与挑战做殊死搏斗，终于浴火重生。挑战与迎战下，中国摆脱苦难，实现了“站起来”，自立与自强精神在这一过程中被重新塑造，最终也成为伟大复兴的前提。

20世纪80年代初，中国在经历了探索与迷茫的困惑后，面对的是百废待兴、急需满足人民日益增长的物质文化需求的挑战。与时俱进的中国人民又一次迎战，“摸着石头过河”“黑猫白猫，抓住老鼠就是好猫”等充满探索和开拓精神的思想理论点燃了希望，改革开放、设立经济特区等一系列具有突破性和开创性的中国特色社会主义市场经济举措也纷纷出台。压力之下，中国迸发出了巨大的能量和蓬勃的生机。短短40年，中国实现了经济腾飞和生活巨变，也实现了对自我及许多西方国家的超越，中华民族的伟大复兴越来越走在正确的路上。挑战与迎战下，中国摆脱贫困，实现了“富起来”，自主与创新精神在实践中不断被检验和丰满，并进而成为伟大复兴的根基。

历史走进了21世纪第二个十年，国际风云激荡变幻，世界迎来“百年未有之大变局”。这种空前广泛而又令人迷乱的剧烈变动，一方面表现为全球战略格局的反复重组和地缘政治利益的激烈冲突，国际力量对比持续改变，国际权力中心加速位移；另一方面也表现为全球治理体系严重破损，传统世界经贸秩序逐渐失常，这又加速了民粹主义的复燃和横行。此时之世界，大国关系中的互信赤字与诚信匮乏比以往任何时候都更加突出，新老热点长期存在与局部冲突此起彼伏已成为国际社会新常态。对比世界持续大变，中国却在步步走向大治；相对于西方制度的疲软和颓势，中国的制度和治理理念体现出了明显的优势。习近平新时代中国特色社会主义思想、总体国家安全观、“两个百年”目标等的提出，决定了中国的与众不同和持续前进，“强起来”不但成为无数中国人的梦想，还更进一步逐渐成为现实。

从“站起来”到“富起来”，中国用挑战之下的强力迎战完成了超越，这是一个不断探索的艰苦历程，不但是对惨痛经历的告别，更是民族精神的重塑，“强起来”自然也成为下一步的追求。中华人民共和国成立以来的70多年，在历史长河中也只是短暂的一瞬间，而我们又生活在一个历史加速演变的时代，一切变化皆有可能，唯一需要的就是尽己所能抓住时代的脉搏。对此，中国已有了思想和理论的准备，也有了积极和刻苦的实践，更有14亿中华儿女的支持和拥护。因此，中华民族的伟大复兴不但是大势所趋，更是众望所归，也是夯实根基后的继续前进。

天下大同

变强或者成为所谓的“老大”，是否一定以奴役、剥削他国为途径并以压制他国为后果？这一直是无数西方政客对中国的“担心和忧虑”，并进一步延伸出所谓的“黄祸论”和“恐华症”。在部分西方国家或学者的“理论”包装下，中国不断被污名化，如“吸附在非洲国家身上的新殖民主义者”“威胁西方甚至其他文明的冲突者和种族较量者”“居心叵测发动‘百年马拉松’的阴谋者”。这种种臆测与误导确实在某种程度上抹黑了中国形象，给中国的复兴之路增添了无数障碍。但中国始终秉承着“万物并育而不相害，道并行而不相悖”的方针，以和平共处的原则，以兼容万物的胸怀，以合则共赢的“中国道路”，在世界面前呈现出了中国力量和大国气度。

汤因比早期在其巨著《历史研究》中，曾将中华文明归类为“即将或已经衰落和解体的文明”，认为人类社会的未来要看西方的代表——美国和苏联。但他晚年时转变了思想，郑重地告诚说：“西方在经济和技术上影响和征服了全球，但是留下了政治上民族国家林立世界的超级难题，这个政治真空将由中华文明来补足。只有中华文明，才能真正给予世界永久的和平。……一个历史上一直以和平主义和世界主义为取向的天下文明，也将在21世纪成为全人类的共同精神财富。”

诚如汤因比所言，中国自古具有的就是“天下观”和“仁义”思想，因此有了孟子所说的“行仁政而王，莫之能御”“行一不义，杀一不辜，皆不为也”，进而达到“以德服人者，中心悦而诚服也”的境界。这种仁义思想经过几千年的沉淀和熏陶，最终成为中华民族血脉和骨子里的传承与习惯。同时，“中央之国”的自信，使得中国从来也不愿去掠夺和奴役他国。鉴真东渡、遣唐使来华、“丝绸之路”、郑和七下西洋，中国带给世界的都是技术、文化的传播，此过程中从头至尾都是和平主义的荣光。中国的包容、开放、仁义及“一花独放不是春，百花齐放春满园”的共赢思想，获得了广泛的赞扬。保罗·肯尼迪在《大国的兴衰》一书中指出，“中国人从不抢劫和杀戮，这与葡萄牙人、荷兰人和其他入侵印度洋的欧洲人不同；繁荣富强实行睦邻友好开放政策的中国，吸引着许多国家的商人和学者到中国经商和访问，令外国来访者羡慕不已。”所以有了宋朝“苍官影里三洲路，涨海声中万国商”的繁荣与开放，以及伊斯兰教先知穆罕默德“学问虽远在中国，亦当求之”的向往。

中国的崛起是否真的就是世界其他国家或民族的灾难？历史已经回答了一切。当中国强盛时，周边世界即能保持稳定与和平；而当中国衰落时，四方邻国迎来的也多是战乱或灾难。在漫长的历史中，中国人已经证明，依靠文化和文明的力量可以将亿万人民组织在一个以天下主义和世界主义为文明基准的国家。中华文明中的“苟日新，日日新，又日新”的创新改革精神，“和而不同”的文明多元共生理论，“天人合一”思想中的人与自然、社会与生态的和谐精神，“有容乃大”的包容态度，“修身，齐家，治国，平天下”的伟大理想，与时下美西方社会流行及输出的个人主义、保守主义、以邻为壑的狭隘民族主义，形成了鲜明的对比。这些传统思想决定了以实现中华民族伟大复兴为目标的中国梦，与在西方文化引发下祈求“永不日落”的“英国梦”、狂想“东亚共荣”的“日本梦”、企图独霸世界的“美国梦”以及渴望领袖全球的“苏联梦”有着本质的区别。这种区别，不仅体现在追梦的道路选择上，更多也反映在梦想的目标上。

正如习近平总书记指出的，“古往今来，中华民族之所以在世界有地位、有影响，不是靠穷兵黩武，不是靠对外扩张，而是靠中华文化的强大感召力和吸引力。”中华民族在漫长的追梦过程中，始终秉承中国传统文化，坚持“自强不息，厚德载物”“己所不欲，勿施于人”等自主与和平精神，将民族独立、共同富裕、和平发展作为中国梦的灵魂，追求国泰民安、祖国统

一、民主自由的目标。因此，对于整个人类而言，奉行和平世界主义的中国不但不会成为其他民族的噩梦，还能促进人类世界向更高层次的价值理性方向发展。

近代以来，以西方文明体系为主的国家开始成为世界舞台的主角，其在全球扩充势力范围的同时也不断输出文化和思想，并进而将自身的生活方式和价值体系作为世界正统。“西方误将近200年来的荣耀当成颠扑不破的真理”，同时对其他异己体系和国家进行诬蔑、排挤与追杀。放在人类历史的长河中看，仅有几百年的近代西方文明其实不过是白驹过隙，短暂的验证与存在并不意味着其一定为永恒和方向。新加坡学者马凯硕对此尖锐地指出，“西方世界近200年的超强主导地位才是历史的变异”。

世界需要其他方式来进行补充和提供多样化的选择。“中国崛起开启了人类历史上最快速的持续经济增长、幅员最大的全面工业化，以及最大规模的减贫。中国发展道路震动了西方，也让许多发展中国家思考，如何在社会公正、可持续发展和自由市场竞争间更好地取得平衡。”同时，中华文明海纳百川的胸怀和创造性，决定了中国的崛起给世界带来的不仅是发展和机遇，更是大量世界性难题的解决方案和新的文明路径，进而推动人类社会的演化。

文明的共荣。在各种全球性挑战及世界性威胁愈加严重的情况下，单靠一国之力已远远不能应对，此时需要的是跨越制度的合作，这更需要文明力量的相互借鉴。“不同文明间相互激荡、交流与影响，正是人类社会进步的原动力。”布热津斯基认为，“全球领袖必须有全球社会意识，能加强文化感召力，并且尊重人类传统和价值的多样性。”中国多次强调，世界各国齐心协力应对挑战时，既需要经济科技力量，也需要文化文明力量。为此，中国提出了加强文明交流的“中国方案”：坚持相互尊重、平等相待，坚持美人之美、美美与共，坚持开放包容、互学互鉴，坚持与时俱进、创新发展。从孔子学院到国内各种世界文化节、文化年的举办，中国不但走出去，还请进来，在文化的交流和传递中使“世界文明的花园”更加千姿百态。中国这种对文明交流的推崇和推广，一方面加强了世界各国人民的相互理解，另一方面也为文明之间的相互尊重与共克时艰打下了良好的基础，更为应对跨国性和世界性难题走出了一条纯粹之路。

理念的示范。中国 5000 年文明发展中孕育的优秀传统文化，如道法自然、天人合一、天下为公等思想，蕴含着解决当今人类社会面临的生态环境破坏、资源供给不足、人际关系失衡等问题的重要启示。现代工业社会，固然一方面极大促进了生产力和人民物质生活水平的提高，但功利主义当头，过分的开发和依赖资源的生产模式对环境乃至整个地球都造成极大的破坏。同时，过分强调竞争及快节奏的生活导致许多国家人情观念淡漠、人际关系失序，整个社会在思想上似乎被隔离成一个个“孤岛”。自然与社会环境的恶化，导致人类前进的颓势已显，可持续发展似乎成为了一句口号。而中国以自己的实践和经验，走出了具有参考意义的中国道路，青山绿水概念、重视家庭思想、和谐共处理念等极具特色的“中国思维”彰显出强大的生命力、创造力和凝聚力，也成为发展中国家的“借鉴模板”。

和平的外交。中国在进行国际交往时，注重平等、信奉尊重、提倡共赢，结合厚重的智慧与传统的和平、包容等文化，形成了具有现实意义的先进外交理念，其不仅沉淀着中华民族最深层的精神追求，更蕴含着提高国家战略能力、应对国际纷争的大量宝贵经验和务实理念，如“三个世界”理论、和平共处五项原则等已成为世界共识，相互尊重、求同存异等思想更是使中国在充满功利性和利己性的世界中独树一帜，真正体现了和平与仁义的大国风采。

包容的态度。中国积极参与全球治理，维护国际社会稳定。在中国，尽己所能、能者多劳等思想已是一种本能，这种本能在应对全球性问题上也成为中国态度。从和平崛起—和平发展—人类命运共同体系列一脉相承的理念、“一带一路”倡议与亚投行的设立、反恐与气候变化以及全球抗击新冠肺炎疫情等诸多全球性事件的应对中，中国都恪守国际道义、践行大国担当，不但自身树立了很好的典范，还无私帮助其他国家解决问题，真正贯彻了“千里同好，共担风雨”的思想和实践。在 2020 年全球抗击新冠肺炎疫情中，中国秉持人类命运共同体的理念，为抗击疫情付出巨大牺牲，成为世界战疫的主战场。同时，中国十八大之后提出“健康丝绸之路”与“清洁美丽地球”理念，凸显对全球卫生领域治理的引领作用及在全球卫生应急行动中的主力军角色，显示了中国传统文化中的大同思想。这一切，表明了中国不走国强必霸道路的态度，也体现了坚定推动世界朝着更加开放、包容、普惠、平衡、共赢方向发展的担当精神及全球性视野。

习近平总书记多次强调：“‘一带一路’建设要以文明交流超越文明隔阂、文明互鉴超越文明冲突、文明共存超越文明优越，推动各国相互理解、相互尊重、相互信任。”因此，中国发展的目标不是取代美国成为世界新霸主，而是实现社会主义现代化，同时以更有活力的文明成就贡献世界。正如习近平总书记在联合国教科文组织演讲所说，“只要秉持包容精神，就不存在什么‘文明冲突’，就可以实现文明和谐”。因此，“将来世界大同，犹赖各种文化系统，各自发挥长处，以便互相比较、互相观摩、互相取舍、互相融合，方有大同之福。”

总体上，中国的复兴和崛起与近代历史上其他大国都不同，其独特的文化传承和文明理念，与其追求和平的目标步调一致，其行为方式的共存和尊重，决定了中国的复兴不但对世界无害，反会是对人类文明发展的一种有益参考和补充。正如英国学者凯利·布朗在《中国的世界：中国想要什么？》一书中所说的，中国“如能在其他国家自愿支持下实现和平崛起，将是全人类的胜利”。所以，根本不存在“百年马拉松”，且只要真正认识和理解中国的抱负与目标，中美之间也不会陷入所谓的“修昔底德陷阱”。

雄关漫道真如铁

强者之路从来都非一帆风顺，开拓难，守成亦难。每个国家在兴衰轮回面前都机会平等，“冲刺的猎豹”迟早会变成“力竭的大猫”，“安静的食草动物”终有一天也能席卷草原。大国复兴如同登山，越是接近登顶时刻，越是面临诸多艰难险阻。“察势者明，趋势者智”，因此，虽然“我们比任何时候都接近实现中华民族伟大复兴的目标”，但是在达成目标的过程中势必将面临各种各样艰巨的挑战，不但需要长期奋斗的准备，还需有一以贯之的坚韧。如何迎战，确保伟大复兴的进程不被实质性打断，既是在历史上大国登顶过程中不得不面对的考验，也是横亘在中国人民面前的问题。

成就是奋进的标注，目标是前进的方向。中华民族的伟大复兴不仅是亿万中国人民梦想达成的目标，更是一个不断奋进的过程。它不是要简单地回到某个历史时期，也不是单纯地定义于国家实力或经济总量世界第一，而是意味着总体经济实力和综合国力居于世界前列，人民生活质量、国民素质、社会整体现代化程度也要达到世界先进水平，即政治、经济、文化等全方位地自立于世界民族之林，从而使古老的中华民族重新焕发出生机和活力。“更好的教育、更稳定的工作、更满意的收入、更可靠的社会保障、更高水平的医疗卫生服务、更舒适的居住条件、更优美的环境”，“孩子们能成长得更好、工作得更好、生活得更好”。因此，这是一个长期且没有实质性终点的目标，这注定了其长期性和艰巨性。正如习近平总书记指出的，“实现中华民族伟大复兴是一项光荣而艰巨的事业，需要一代又一代中国人共同为之努力。”

对于登顶大国来说，既想享受“无限风光在险峰”的荣耀，也要防止“物壮则老，水满则溢”的盈亏自然规律；既要克服独领风骚的寂寞和自满，更要小心木秀于林的狂风和觊觎。世界上没有永恒的帝国，强如罗马也在开拓不足后陷入迷茫，最终消失在历史的浪潮中；大如蒙古帝国，席卷欧亚后因缺少积淀和方向，在疯狂掠夺后很快烟消云散，只留下“上帝之鞭”的名号任人感叹；稳如大英帝国，曾殖民全球，但受帝国虚荣感驱使而不是历史观指引，频繁卷入自我毁灭的遥远冲突，“日不落”的荣耀最终在夕阳下渐渐暗淡。而号称有史以来最有影响力的美国，也罔顾新时代下国际形势的变迁，仍然不断压榨他国，以“世界